180 versículos de la Biblia para

VENCER LA ANSIEDAD

180 versículos de la Biblia para VENCER LA ANSIEDAD

Devocionales para mujeres

BARBOUR
ESPAÑOL
Un Sello de Barbour Publishing

ISBN 979-8-89151-171-2

Título en inglés: *180 Bible Verses for Conquering Anxiety*

2021 por Barbour Publishing, Inc

Desarrollo editorial: Semantics, Inc. Semantics01@comcast.net

Publicado por Barbour Español, un sello de Barbour Publishing, Inc., 1810 Barbour Drive, Uhrichsville, Ohio 44683, www.barbourbooks.com.

Nuestra misión es inspirar al mundo con el mensaje de la Biblia que cambia vidas.

Impreso en China.

INTRODUCCIÓN

La ansiedad es algo a lo que todas nos enfrentaremos en nuestra vida. Puede que tengas luchas con ella de vez en cuando, o tal vez sea una compañera constante que nunca te deja en paz. En cualquier caso, la libertad que esperas y deseas puede encontrarse en la poderosa Palabra de Dios. En sus páginas descubrirás la paz que tanto necesitas y que a menudo se te escapa. Recibirás ánimo para confiar en el Señor en lugar de abrigar temores y preocupaciones. Y tu fe crecerá conforme estas verdades calen hondo en tu corazón. Que este libro sea una guía diaria que te recuerde que debes confiar en Dios más que en las circunstancias que te causan ansiedad. Y observa cómo el tiempo dedicado a las Escrituras te da fuerzas para mantenerte firme.

1

¿DÓNDE PONES TU ATENCIÓN?

Les doy este mandamiento nuevo: Que se amen los unos a los otros. Así como yo los amo a ustedes, así deben amarse ustedes los unos a los otros. Si se aman los unos a los otros, todo el mundo se dará cuenta de que son discípulos míos.

JUAN 13.34-35 DHH

Tenemos ansiedad porque ponemos la atención en nosotras mismas. Nos quedamos encerradas en las cosas que nos frustran y nos desaniman. En nuestra visión de túnel, solo vemos lo que nos intimida y nos abruma. Y acabamos cayendo en una espiral de desesperación. ¿Quién no se asustaría si se quedara fija en su propia preocupación? ¡Te deja sin fuerzas! Pero ¿y si levantamos la cabeza y nos fijamos en las necesidades del mundo que nos rodea? ¿Y si dejamos de fijarnos en nosotras mismas y encontramos formas de bendecir a los demás? Pide a Dios que te revele formas de ayudar a los que te rodean. Hará que dejes de pensar solo en ti misma y que dirijas a otros hacia él.

2

LOS SENTIMIENTOS NO INVALIDAN LOS HECHOS

Porque el Espíritu que Dios nos ha dado no nos hace cobardes, sino que él es para nosotros fuente de poder, amor y buen juicio.

2 Timoteo 1.7 PDT

No fuimos creadas para vivir con miedo, pero eso rara vez impide que nos atormenten la preocupación y la ansiedad. Desde las relaciones hasta las finanzas y la salud, el miedo se cuela y nos roba la paz. Y a menudo nos parece inadecuada la idea de poder tener acceso al poder, al amor y al dominio propio. En nuestra debilidad, eso parece inalcanzable. Pero, amiga mía, esos sentimientos no invalidan la verdad. Pueden ser sentimientos reales, pero eso no significa que se correspondan con la realidad. ¿Sabías que Dios habla sobre la ansiedad más de 350 veces en la Biblia porque sabía que sería una lucha? En esos momentos de ansiedad, pídele su ayuda. Háblale de tu estrés y pídele su paz. Él siempre está ahí.

3

DERRAMA TU CORAZÓN

Pueblo mío, ¡confía siempre en Dios!
Cuando vayas a su templo, cuéntale todos tus problemas. ¡Dios es nuestro refugio!

SALMOS 62.8 TLA

Cuando estamos preocupadas y cansadas, el lugar más seguro al que podemos acudir es el Señor. Él es el único que ve la profundidad de nuestro temor y sabe exactamente lo que necesitamos. Él comprende la complejidad de nuestro estrés. Dios es digno de confianza y nos invita a recibir su consuelo. Él nos proporciona un lugar seguro donde podemos mostrarnos vulnerables en cuanto a lo que sentimos. A diferencia del mundo, el amor de Dios es perfecto y firme, sin crítica ni exasperación. Eso significa que podemos depositar en él nuestras ansiedades más profundas y oscuras. Podemos compartir la verdad de lo que nos produce miedo. Y podemos ser sinceras sobre las inseguridades a las que nos enfrentamos.

4

SILENCIO

Ustedes no se preocupen,
que el Señor va a pelear por ustedes.
Éxodo 14.14 DHH

¿Te has dado cuenta de que cuando estamos estresadas hablamos mucho? Hablamos y hablamos con nuestras amigas sobre la causa de nuestra ansiedad. Nos quejamos ante nuestra familia, para que nos compadezcan. Lo publicamos en las redes sociales en busca de solidaridad. Pasamos mucho tiempo mostrando la presión que sentimos. Y aunque tu voz importa y es saludable hablar de todo con las personas de confianza, tal vez Dios te esté pidiendo que te frenes un poco. Tal vez te está pidiendo que confíes en él. Pídele al Señor que te diga cuál es tu papel en la batalla. ¿En este momento estás dando el siguiente paso adelante siguiendo su guía? ¿O estás guardando silencio, observando cómo el Padre lo resuelve?

5

NO ERES TU PROPIA SALVADORA

Jesús los miró y les dijo: —Humanamente hablando es imposible, pero para Dios todo es posible.

MATEO 19.26 NTV

Cuando decidimos resolver las cosas por nosotras mismas, es estresante. Sin darnos cuenta, a menudo nos cargamos de presión para encontrar las respuestas. Creemos que depende de nosotras hallar una solución. En lugar de pedir ayuda, intentamos solucionar nuestros problemas en solitario. Y al mostrarse nuestra impotencia, nos sentimos fracasadas y nos castigamos. Nuestros corazones se llenan de ansiedad con la preocupación por los detalles. Pero Dios conoce nuestras limitaciones porque él nos creó. En su plan nunca estuvo que fuéramos nuestras propas salvadoras. Lo que el Señor planeó fue trabajar con nosotras para hacer posible las cosas. Es un trabajo en compañía. La próxima vez, recuerda quitarte la presión de encima pidiéndole ayuda a Dios.

6

DESHECHA

Vengan a mí todos ustedes que están cansados de sus trabajos y cargas, y yo los haré descansar. Acepten el yugo que les pongo, y aprendan de mí, que soy paciente y de corazón humilde; así encontrarán descanso. Porque el yugo que les pongo y la carga que les doy a llevar son ligeros.

MATEO 11.28-30 DHH

La vida es dura y agotadora. Nos pasamos el día intentando ser todo para todos. Al final, tratamos de alcanzar nuestros objetivos e incluso superarlos y nos sentimos como si estuviéramos bajo el agua. Y cuando algo sale mal, se nos va de las manos. Nos quedamos deshechas. Nuestro estrés se pone por las nubes y nos sentimos miserables. ¿Sabías que Dios está dispuesto a quitarte esa ansiedad ahora mismo? Él te ofrece tomar tus preocupaciones y cambiarlas por descanso. ¿Por qué no hablas de ello con él? Él está escuchando.

7

UNA PRESENCIA ENVOLVENTE

Sólo en Dios hallo descanso, de él viene mi esperanza. Sólo él es mi roca y mi salvación; como él es mi refugio, no seré derrotado.

Salmos 62.5-6 PDT

Tómate un momento para visualizar cómo la presencia de Dios te abraza en una situación de estrés. Cuando te enfrentes al temor, imagina que él te envuelve como una gruesa manta. Piensa en cómo se iría la ansiedad y te sentirías segura y protegida. Que esta imagen te acompañe en los momentos en que te sientas vulnerable. Que esta verdad sea la que te calme cuando la preocupación empiece a invadirte. En esos momentos de inquietud o preocupación, pídele al Señor que te envuelva como esa manta y te dé paz.

8

DIOS ESTÁ MÁS CERCA

Dios es nuestro refugio y nuestra fuerza;
siempre está dispuesto a ayudar en tiempos de dificultad.
Por lo tanto, no temeremos cuando vengan terremotos
y las montañas se derrumben en el mar.

SALMOS 46.1-2 NTV

Sean cuales sean los problemas que están llamando a tu puerta, o los desafíos que estás enfrentando en este momento, incluso si parece haberse esfumado la esperanza y estás estresada al máximo, aunque te aterrorice pensar cómo se resolverá todo, ten fe en que Dios está cerca. Él está más cerca que cualquier problema o preocupación. Él está más cerca de ti que la ansiedad que te corroe. Y el Señor promete su ayuda. Cuando las montañas se desmoronen y las aguas se desborden, deja que él sea tu refugio y tu fuerza. Él te traerá la calma y la paz en cada ocasión.

9

EL ESTRÉS DE LA OBSESIÓN

No amen el dinero; conténtense con lo que tienen, porque Dios ha dicho: «Nunca te dejaré ni te abandonaré». Así que podemos decir con confianza: «El Señor es mi ayuda; no temeré. ¿Qué me puede hacer el hombre?».

HEBREOS 13.5-6 DHH

¿Alguna vez has sentido que solo estabas intentando seguir el ritmo de los que te rodeaban? Cada vez que tus amigas prosperan en algo, sientes el impulso de hacer lo mismo. La mayoría de las veces, esa sensación es un acto reflejo. Estamos condicionadas para obsesionarnos con lo que tienen los demás, por culpa del mundo en que vivimos. Es un anhelo que nos inculcan desde pequeñas y que continúa en la edad adulta. Pero Dios nos pide que estemos contentas con lo que tenemos, que su presencia sea lo que anhelamos por encima de todo. Él sabe que el contentamiento dará satisfacción y ánimo.

10

CADA MAÑANA

Sé que no hemos sido destruidos porque Dios nos tiene compasión. Sé que cada mañana se renuevan su gran amor y su fidelidad.

LAMENTACIONES 3.22-23 TLA

Cada noche, cuando recuestes la cabeza en la almohada, cuéntale al Señor todas las tensiones que te ha traído el día. No dejes nada. Sé sincera y abre tu corazón. Explícale lo que te causa temor. Dile qué inseguridades aparecieron durante el día. Cuéntale lo que te causó ansiedad y preocupación. Aprovecha este tiempo para librarte de todo lo que te haya provocado preocupación. Confía en que él no solo quiere escuchar cada detalle, sino que ya está obrando en tu favor. Más aún, recuerda que Dios es compasivo y bondadoso, y cada mañana está listo para ayudarte a sortear otro día de estrés. Deja que él sea tu fiel compañero y quien te da fuerza y estabilidad.

11

EL PODER DE SU AMOR

Así podrán comprender con todo el pueblo santo de Dios cuán ancho y largo, cuán alto y profundo, es su amor. El amor de Cristo es tan grande que supera todo conocimiento. Pero a pesar de eso, pido a Dios que lo puedan conocer, de manera que se llenen completamente de todo lo que Dios es.

EFESIOS 3.18-19 PDT

Si supieras cuánto te ama el Señor, ese conocimiento transformaría tu reacción al estrés. Te daría poder para confiar en que él está en los detalles de tu situación. Te sentirías tranquila, sabiendo que Dios entiende completamente lo que está causando tu ansiedad. Si entiendes lo interminable e inagotable de su amor, eso te permitirá aferrarte a la paz hasta en los momentos más desestabilizadores. Pero nuestras limitaciones humanas hacen casi imposible que lo entendamos plenamente. Aquí es donde entra en juego la fe. Elige creer lo que dice la Biblia sobre el amor de Dios y pídele que él refuerce esta verdad en tu vida.

12

CONTIGO HASTA EL FINAL

Enseñen a los nuevos discípulos a obedecer todos los mandatos que les he dado. Y tengan por seguro esto: que estoy con ustedes siempre, hasta el fin de los tiempos.

MATEO 28.20 NTV

Jesús prometió a los discípulos estar con ellos hasta el final, y a ti te hace la misma promesa. Pase lo que pase, puedes creer que el Señor no te abandonará. No tienes que resolver las cosas de la vida tú sola. Dios siempre estará ahí, pase lo que pase. ¿Sabes lo que esa realidad supone para un corazón ansioso? Te da una paz instantánea. Piensa en ello. Si el que creó el cielo y la tierra y todo lo que hay en medio está comprometido al máximo en transitar la vida contigo, puedes respirar tranquila. Así que respira su plenitud de fe y libera el estrés.

13

NADA SE INTERPONE EN SU CAMINO

El Señor es bueno y compasivo, no se enoja con facilidad y rebosa de fiel amor.

Salmos 145.8 PDT

A veces es difícil orar porque nos sentimos culpables de algo que dijimos a otra persona en el calor del instante. Nos avergonzamos de nuestras acciones, y nos preocupa haber apartado tanto a Dios que se haya terminado nuestra relación. Acabamos superestresadas, sin esperanza ante lo siguiente que venga. Pero, en esos momentos, recuerda que el Señor no piensa como nosotras. Él no es resentido como nosotras. Y cuando le necesitamos, nada se interpone en su camino. Su respuesta hacia ti la impulsa su amor. Su amor es pleno y total, inmutable e inquebrantable. No dejes que el estrés o la preocupación te impidan acercarte a él.

14

PERDONADA

Aquel que es la luz verdadera, quien da luz a todos, venía al mundo.

1 Juan 1.9 NTV

No tienes por qué estresarte por todo lo malo que has hecho. Esas cosas ya no tienen ningún poder sobre ti. Tal vez estés preocupada porque has decidido que tu pasado es peor que el de la mayoría y que el perdón de Dios no llega tan lejos, pero eso simplemente no es verdad. Tú no eres la excepción a la que él no puede extender gracia; no funciona así. En cambio, el Señor te invita a la paz pidiéndote que reconozcas tus pecados. Él sabe que la confesión es un poderoso desestresante. Y aún más, él promete perdón completo. Te librará de la ansiedad de cargar con el peso de tus malas decisiones y elecciones.

15

SATURADA

No se preocupen por nada, más bien pídanle al Señor lo que necesiten y agradézcanle siempre. La paz de Dios hará guardia sobre todos sus pensamientos y sentimientos porque ustedes pertenecen a Jesucristo. Su paz lo puede hacer mucho mejor que nuestra mente humana.

FILIPENSES 4.6-7 PDT

La oración siempre libera la paz. En esos momentos en los que te sientes arrastrada en un millón de direcciones y abrumada por todo, habla con Dios. Cuando sientas temor ante el siguiente paso o te preocupen los *y si...*, comparte tus preocupaciones con el Señor. Cada vez que se te acelere el corazón por una mala noticia, desahógate con Dios. El estrés puede ser tu primera respuesta, pero no tiene por qué tenerte prisionera. De hecho, el Señor siempre está disponible para escuchar cada detalle de lo que está provocándote estrés. Cuéntale lo que te asusta, las inseguridades a las que te enfrentas y la presión creciente, y entonces siente cómo la paz empieza a saturar tu atribulado corazón.

16

EL ESTRÉS DEL DESCONTENTO

Humíllense, pues, bajo la poderosa mano de Dios, para que él los enaltezca a su debido tiempo. Dejen todas sus preocupaciones a Dios, porque él se interesa por ustedes.

1 PEDRO 5.6-7 DHH

Cuando no estás contenta contigo misma, eso te genera estrés. Piensa en ello. Cuando te sientes mal por tu aspecto, te preocupa lo que puedan pensar los demás. Cuando no terminas un trabajo a tiempo, te preocupa tu seguridad laboral. Cuando gritas a los niños en un momento de negligencia, te estresa pensar que puedes causarles daños irreparables. Y al final, te sientes una fracasada o un fraude. Respira hondo, amiga. Dios no pide ni espera una vida sin defectos. Él sabe que vas a hacer algo indebido, y quiere que sepas que eres amada pase lo que pase. Un mal día no te convierte en mala persona, y cuando lleves ese estrés a Dios, él te lo recordará.

17

NO TE PREOCUPES

Por lo tanto, yo les digo: No se preocupen por lo que han de comer o beber para vivir, ni por la ropa que necesitan para el cuerpo. ¿No vale la vida más que la comida y el cuerpo más que la ropa? [...] En todo caso, por mucho que uno se preocupe, ¿cómo podrá prolongar su vida ni siquiera una hora?

MATEO 6.25, 27 DHH

Es fácil estresarse por los detalles de la vida. Nos preocupamos por qué hacer para cenar, esperando que le guste a todo el mundo. Nos preocupamos por encontrar la ropa perfecta para el día de la foto en el colegio de los niños. Nos preocupan las facturas médicas que siguen acumulándose. Nos preocupan los efectos del envejecimiento y cómo afecta nuestro aspecto. ¿Qué te preocupa? Lo que detendrá este tipo de estrés es que actives tu fe. Cuando eliges creer que Dios cumplirá sus promesas y cuidará de ti, la ansiedad que bulle en tu interior se desinfla. Su mensaje es siempre que confíes en él. Dios conoce tus necesidades y las satisfará todas.

18

PAZ PERFECTA

Les doy la paz, mi propia paz, que no es como la paz que se desea en este mundo. No se preocupen ni tengan miedo por lo que pronto va a pasar.

JUAN 14.27 TLA

¿Qué te da paz? ¿Cómo calmas los nervios? Algunas personas se mantienen ocupadas y evitan abordar los problemas. Otras tratan su estrés con comida o alcohol. Otras acuden a la terapia de la compras para sentirse mejor. Otras dejan que los libros o las películas las lleven a otro mundo. El problema es que estos escapes no duran mucho. Son sustitutos de la paz perfecta que viene de Dios. El mundo te ofrece cosas, pero ninguna iguala el antídoto de Dios para un corazón ansioso. Cada vez que sientas el estrés de la vida, no dudes en hablar de ello con Dios. Pídele lo que necesites.

19

NO FUISTE CREADA PARA SER UN CASO DE ESTRÉS

Pues Dios no nos ha dado un espíritu de temor y timidez sino de poder, amor y autodisciplina.

2 Timoteo 1.7 NTV

En esos momentos en los que el miedo, el estrés y la inseguridad te hacen sentir derrotada y débil, recuérdate a ti misma que ese sentimiento no viene de Dios. Dilo en voz alta. Declaralo. ¿Por qué? Porque a veces la mejor forma de aprender es con algo audible. Tenemos que oírlo para creerlo. Y cuando empezamos a creer, se refuerza nuestra determinación. Esa determinación nos da valor, y el valor nos da confianza para creer que somos quienes Dios dice que somos. Él no nos creó para ser un caso de estrés. Dios nunca quiso que nos acobardáramos ante la ansiedad. En cambio, el Señor nos dotó de un espíritu de poder y dominio propio para confiar en Aquel que nos creó. Cada día puede traer muchas oportunidades para preocuparse, pero puedes elegir cómo responder. Elige bien.

20

ES UN MANDAMIENTO, NO UNA SUGERENCIA

Yo te pido que seas fuerte y valiente, que no te desanimes ni tengas miedo, porque yo soy tu Dios, y te ayudaré por dondequiera que vayas.

Josué 1.9 TLA

¿Te has dado cuenta de que Dios mandó, no sugirió? No recomendó el coraje y la valentía. No lo insinuó. Dios no lo dejó implícito. No, no era, ni es, algo negociable. Sus palabras están impregnadas de autoridad y poder. También es importante saber que este mandato no debemos cumplirlo sin ayuda. Es la presencia del Señor la que nos dará fuerzas. No debemos permitir que el estrés de la situación nos supere, porque podemos estar tranquilas sabiendo que no estamos solas. Dios promete acompañarnos a través de esas circunstancias plagadas de ansiedad, aumentando de forma sobrenatural nuestra fuerza y coraje cuando lo necesitemos. No hay razón para estar preocupada, aterrorizada o sin ánimo, porque tienes a Dios de tu lado.

21

LA PROMESA DE RESTAURACIÓN

Pero Dios, quien los llamó para compartir su gloria eterna en Cristo, les mostrará todo su generoso amor. Sufrirán por un tiempo, pero después Dios los sanará, los fortalecerá, los apoyará y evitará que caigan.

1 Pedro 5.10 PDT

Es un alivio saber que, después de una temporada de sufrimiento, Dios promete restaurarnos. Él usará las tensiones y luchas que enfrentamos para convertirnos en mujeres fuertes. El Señor no desperdicia ningún momento, y se ha comprometido a convertir las cenizas de tu vida en algo hermoso. Toda la ansiedad que puedas estar sintiendo no solo tiene una duración limitada, sino que será para tu beneficio y para la gloria de Dios. Él hará que todo esté bien, evitando que caigas, afirmándote en tu lugar y edificándote. Puedes confiar plenamente en él.

22

DÉJASELO A DIOS

Deja tus preocupaciones al Señor, y él te mantendrá firme; nunca dejará que caiga el hombre que lo obedece. Dios mío, los asesinos y mentirosos no vivirán ni la mitad de su vida; tú harás que caigan al fondo del sepulcro, pero yo confío en ti.

SALMOS 55.22-23 DHH

¿Puedes ver la imagen de dejar tus problemas sobre los hombros de Dios? En tu mente, toma cada factor de estrés y preocupación y déjalo en él. ¿Te estresa la educación de tus hijos? ¿Tienes preocupaciones en el trabajo? ¿Te preocupa el estado de su matrimonio? ¿Quizá tienes problemas financieros? ¿Te enfrentas a amistades difíciles? ¿Te sientes insegura o con miedo? Sea lo que sea lo que te esté agobiando en este momento, ten el valor de quitártelo de encima y dejárselo al Dios que te ama. Él promete llevar la carga para que puedas encontrar descanso y paz. Qué poderosa y bella imagen de entrega y soberanía.

23

ESCUCHA SU VOZ

Confía de todo corazón en el Señor y no en tu propia inteligencia. Ten presente al Señor en todo lo que hagas, y él te llevará por el camino recto.

PROVERBIOS 3.5-6 DHH

¿Alguna vez has dejado caer los brazos, frustrada por el sinsentido de tu desastre de vida? Piensas *¿Por qué a mí?* Lo sientes como una derrota. Como un fracaso. Y por mucho que lo intentes, las situaciones estresantes parecen imposibles de resolver. Es algo a lo que todas nos enfrentamos de vez en cuando. Todas podemos identificarnos con eso. Es una respuesta común a las situaciones difíciles que afrontamos. Pero Dios quiere que escuches su voz. Cada día, él te invita a entregarle todo pensamiento de ansiedad mientras él dirige tus próximos pasos. Dios siempre te mantendrá en el buen camino.

24

DIOS SABE

Pues yo sé los planes que tengo para ustedes —dice el Señor—. Son planes para lo bueno y no para lo malo, para darles un futuro y una esperanza.

Jeremías 29.11 NTV

Dios sabe. Que estas dos palabras consuelen abundantemente tu cansado corazón. A Dios no se le escapa nada con respecto a ti. Él sabe todo lo que te agobia, lo que te causa noches de insomnio y días de preocupación. Él ve las situaciones que hacen amontonarse el estrés hagas lo que hagas. Dios comprende los complejos sentimientos de inutilidad con los que luchas cada día. Dios es plenamente consciente de las preocupaciones de tus relaciones, y ve todo lo que has hecho para intentar aliviarlas. ¡Él te conoce, te ve y te ama por completo! En esos momentos difíciles, aférrate a la promesa de que el Señor tiene planes para tu vida, planes buenos y llenos de esperanza. Dios quiere lo bueno para ti, no un montón de problemas. Y si se lo pides, él no dejará que el estrés haga descarrilar tu futuro.

25

TRANQUILA POR EL MAÑANA

No se preocupen por el día de mañana,
porque mañana habrá tiempo para preocuparse.
Cada día tiene bastante con sus propios problemas.
MATEO 6.34 DHH

Este reto de no inquietarse por las preocupaciones de mañana no es fácil. Las mujeres tenemos visión de futuro, no podemos evitar planificar y organizar. Tenemos que trabajar con los horarios de nuestras familias, los próximos eventos, el discurrir de la jornada laboral, la gestión del hogar y cosas por el estilo. Con ello llega el estrés, porque deseamos a toda costa que los detalles encajen en su sitio. Así que nos obsesionamos con lo que vendrá, y eso nos deja en ansiedad. Nos agobia pensar en un desenlace indeseado, por lo que pueda pasar al final, y nos obsesionamos con ello. Pero Dios dice que no nos preocupemos por el mañana. Él quiere que estés presente en el hoy para que no te agiten las preocupaciones. Es más, el Señor promete ayudarte a gestionar cada situación de estrés en el momento. Estás en su mano, amiga.

26

¿TE RINDES O TE OBSTINAS?

Te enseñaré y te mostraré el camino; te estaré observando y seré tu guía. No sean como el caballo o como el mulo sin entendimiento, a los que hay que sujetar con rienda y freno porque si no, no se acercan a ti.

SALMOS 32.8-9 PDT

Podemos elegir si somos parte del problema o parte de la solución. Cuando nos sentimos abrumadas, podemos confiar en Dios y seguirle o ser obstinadas en nuestros propios caminos. En su sabiduría, el Señor ofrece ayuda. Él conoce el camino hacia la paz. Dios promete permanecer cerca para que oigamos cómo su voz nos instruye y nos guía fuera del caos. Él quitará los obstáculos que te tienen alterada. Y puedes rendirte a su guía o ser obstinada y tratar de resolver las cosas por tu cuenta. ¿Qué vas a hacer?

27

ABRIR

Los perversos reciben muchos sufrimientos. En cambio, quien confía en el Señor *está protegido por el fiel amor de Dios.*

Salmos 32.10 PDT

Una de las cosas que más nos estresa es cargar con el recuerdo de todas las elecciones equivocadas y las malas decisiones que hemos tomado. Nos preocupa ser juzgadas por Dios y por los demás. Nos preocupamos por nuestra reputación, seguras de que la hemos arruinado con lo que dijimos o hicimos. Y acabamos ansiosas y deprimidas. Sabes que hay una solución. Una que ayuda a que la tristeza y las frustraciones se desvanezcan para que podamos recuperar la paz. ¿Por qué no te abres ante Dios sobre las cosas que te traen culpa y vergüenza? Derrama tu corazón, y el abrazo de su amor te envolverá. Hay algo muy poderoso en sincerarse con Dios.

28

CÓMO CALMAR EL PÁNICO

No tengas miedo, pues yo estoy contigo; no temas, pues yo soy tu Dios. Yo te doy fuerzas, yo te ayudo, yo te sostengo con mi mano victoriosa.

Isaías 41.10 dhh

Un tema que encontramos a menudo en la Palabra es cómo la presencia de Dios ayuda a calmar un corazón ansioso o temeroso. Algo poderoso sucede cuando nos damos cuenta de que Dios está con nosotras. Simplemente saber que él está cerca trae una sensación de paz y elimina los sentimientos de soledad. La próxima vez que te sientas abrumada y ahogada, recuerda que Dios te ve. Puedes pedirle ayuda en ese mismo instante. Puedes pedirle que dé perspectiva a tu pánico, y calme tus emociones para que puedas pensar con claridad. A la hora de pedir ayuda a Dios, hay que ser intencional, porque no suele ser nuestra primera opción. Pero cuando activamos nuestra fe y llevamos nuestro estrés ante Dios, él interviene de maneras asombrosas.

29

EL PODER DE LAS PALABRAS

La angustia causa tristeza;
pero una palabra amable trae alegría.
Proverbios 12.25 TLA

Todas necesitamos que nos animen. Así es. Pero lo necesitamos aún más cuando luchamos contra la ansiedad. Hay un gran poder en el simple hecho de que alguien te recuerde que todo irá bien. Cuando alguien nos recuerda que no estamos solas y que está con nosotras, eso nos reafirma. Cuando escuchamos las palabras *Sé que puedes hacerlo,* eso nos da fuerzas. No cabe duda de que las palabras pueden traer una bendición extraordinaria a un corazón agobiado por el estrés y las preocupaciones. Y por mucho que nosotras necesitemos ese ánimo de vez en cuando, deberíamos dárselo en seguida a otras personas que pasen por lo mismo. Busca a las personas que tienen luchas y di palabras de vida a sus almas cansadas. Anímalas a mantenerse fuertes y recuérdales que Dios las ama. Estamos juntas en esto, ¿no es así?

30

EL AMOR DE DIOS

¿Quién se levantará a defenderme de los malvados y malhechores? Si el Señor no me hubiera ayudado, yo estaría ya en el silencio de la muerte. Cuando alguna vez dije: «Mis pies resbalan», tu amor, Señor, vino en mi ayuda. En medio de las preocupaciones que se agolpan en mi mente, tú me das consuelo y alegría.

SALMOS 94.16-19 DHH

El amor de Dios es posiblemente la fuerza más poderosa del cielo y de la tierra. Por eso él nunca guarda tu pecado contra ti. Por eso él siempre está ahí para salvarte y restaurar tu corazón roto. Dios está accesible para ti en cualquier día y hora, y es por amor; y por su amor pasarás la eternidad con él en el cielo. Pero su amor por ti es también la mayor fuerza para traerte calma cuando estás atribulada. Háblale de tu dolor.

31

NECESITAMOS SABIDURÍA

Si a alguno de ustedes le falta sabiduría, pídasela a Dios, y él se la dará; pues Dios da a todos sin limitación y sin hacer reproche alguno. Pero tiene que pedir con fe, sin dudar nada; porque el que duda es como una ola del mar, que el viento lleva de un lado a otro. Quien es así, no crea que va a recibir nada del Señor, porque hoy piensa una cosa y mañana otra, y no es constante en su conducta.

SANTIAGO 1.5-8 DHH

A veces el origen de nuestro estrés está en que no sabemos qué es lo siguiente que debemos hacer. No sabemos cuál es el mejor paso. Así que nos anclamos en el estrés, con miedo a avanzar. Por eso es tan importante pedir sabiduría al Señor. Él entiende lo que está pasando; él sabe exactamente lo que tiene que suceder a continuación para traer paz y resolver la situación. Preocuparse no genera más que estrés y retrasa la solución. Acepta su ofrecimiento de sabiduría para que puedas vivir con confianza.

32

TU DEFENSA FRENTE AL ESTRÉS

Ten compasión de mí, Dios mío, pues hay gente que me persigue; a todas horas me atacan y me oprimen. A todas horas me persiguen mis enemigos; son muchos los que me atacan con altanería. Cuando tengo miedo, confío en ti. Confío en Dios y alabo su palabra; confío en Dios y no tengo miedo. ¿Qué me puede hacer el hombre?

SALMOS 56.1-4 DHH

Es horrible sentirse atacada por otras personas. Sus duros juicios nos hacen dudar de nosotras mismas y su malicia nos hace sentir mal. Ese tipo de entorno desestabilizador genera estrés y, además, es agotador. El salmista sabía que la mejor defensa contra el estrés era clamar a Dios y, amiga, sigue funcionando hoy en día. La próxima vez que experimentes la ira de alguien, llévasela directamente a Dios. No te quedes en ella. Habla con el Señor. Cuéntale todo y luego confía en que él lo resolverá para tu beneficio y su gloria.

33

DIOS SIEMPRE TE PROTEGERÁ

Cuando atravieses las aguas, yo estaré contigo. Cuando cruces los ríos, no te ahogarás. Cuando tengas que atravesar por fuego, no te quemarás; las llamas no arderán en ti.

Isaías 43.2 PDT

Este pasaje explica por qué no debemos ceder a la ansiedad. Dios nos expresa con claridad su plan de juego. Se reduce a esto: no importa lo que estés enfrontando, no importa quién te esté molestando, no importa la culpa y la vergüenza que estés cargando, no importa el número de personas a las que les caigas mal, no importa el lío en el que te hayas metido, Dios te protegerá. No te ahogarás en el estrés. No te quemará la preocupación. El Señor está contigo, querida. Por esa razón, estás salvada.

34

LIBERACIÓN ASEGURADA

Le pedí a Dios que me ayudara, y su respuesta fue positiva: ¡me libró del miedo que tenía!

Salmos 34.4 TLA

Cada vez que clamas al Señor, él te escucha. Sean cuales sean las circunstancias que te agobian con preocupaciones, Dios sabe lo que pasa. Cuando no puedes expresar más que sollozos entre lágrimas, él es plenamente consciente de la situación que te ha traído ahí. No te equivoques. El oído de tu Padre siempre está inclinado hacia ti, y es gracias a su gran amor por ti por lo que Dios responde siempre. El salmista confirma que su liberación se debió a sus oraciones. Buscó a Dios en serio y recibió la liberación completa. Esta es una noticia fantástica porque te asegura que cuando le pidas al Señor que te libere del estrés, la preocupación y la ansiedad, lo hará.

35

UN ANTIESTRÉS MAGNÍFICO

Y que la paz de Cristo reine en sus corazones, porque con este propósito los llamó Dios a formar un solo cuerpo. Y sean agradecidos. Que el mensaje de Cristo permanezca siempre en ustedes con todas sus riquezas. Instrúyanse y amonéstense unos a otros con toda sabiduría. Con corazón agradecido canten a Dios salmos, himnos y cantos espirituales. Y todo lo que hagan o digan, háganlo en el nombre del Señor Jesús, dando gracias a Dios el Padre por medio de él.

COLOSENSES 3.15-17 DHH

¿Quieres un antiestrés? Tómate en serio este pasaje de la Escritura. Llama a la vida en comunidad en lugar de tratar los problemas en solitario. Sugiere cultivar un corazón agradecido para ver el lado bueno de las cosas. Haz de la Palabra de Dios y del sentido común una prioridad para que en tu mente no haya lugar para la preocupación. Y elige la alegría en cada momento. Esta manera de enfrentar las cosas te liberará de la ansiedad.

36

LLEGAR A LA RAÍZ

Nada hay tan engañoso y perverso como el corazón humano. ¿Quién es capaz de comprenderlo? Yo, el Señor, que investigo el corazón y conozco a fondo los sentimientos; que doy a cada cual lo que se merece, de acuerdo con sus acciones.

JEREMÍAS 17.9-10 DHH

Recuerda que Dios te conoce a ti y los detalles de tu vida. Él sabe lo que te genera estrés. En su Palabra te dice con claridad que él escudriña tu corazón y examina tu mente. ¿Por qué? Porque Dios tiene interés en tu vida. Él da importancia a mantener sus ojos puestos sobre sus amados. Eres importante para él, y por eso el Señor no te quita el ojo de encima, amiga. Si hay preocupaciones, a él le importa. Si hay inquietudes, él escucha. Si hay ansiedad, él la alivia. Dios está ahí para ti y contigo.

37

CALMAR EL CORAZÓN

Sé paciente y espera las obras del SEÑOR.
No te enfurezcas cuando veas que los perversos se salen con la suya.
SALMOS 37.7 PDT

Cuando la vida te parezca un desastre y todo vaya a mil por hora, pídele al Señor que calme tu corazón. Respira hondo, aléjate de la locura y deja que Dios calme tu corazón lleno de ansiedad. Así obtendrás perspectiva, algo difícil en los momentos de caos. Es también en su presencia donde será restaurada tu esperanza, porque estarás segura de que él acudirá en tu ayuda. Dios nunca te dejará donde estás. Él es un Dios que promete restaurar tu corazón a un estado de paz si se lo pides. Dile al Señor lo que necesitas en este momento. ¡Te está escuchando!

38

CUANDO EL ESTRÉS NOS AFECTA

Deja el enojo, abandona el furor; no te enojes, porque eso empeora las cosas. Pues los malvados serán arrojados del país, pero los que confían en el Señor tomarán posesión de él.

Salmos 37.8-9 DHH

El estrés nos afecta. No solo estamos agobiadas por las preocupaciones, sino que también nos enojamos con más facilidad porque no tenemos la capacidad habitual para afrontar los problemas. Nos enojamos con los que más nos importan porque creemos que no tenemos tiempo para hacer lo que nos piden. Perdemos la paciencia y el humor. En lugar de aferrarnos a la esperanza de que Dios acudirá en nuestra ayuda, nos anclamos en el estrés y nos alteramos más. Pero no tiene por qué ser así. El Señor traerá calma a nuestro corazón cuando se lo pidamos. Él nos dará la capacidad de controlar la ansiedad. Invitarle a entrar en la situación nos da la seguridad que necesitamos para mantener una perspectiva eterna, confiadas en que la paz está en camino.

39

EL ESTRÉS ES EL ENEMIGO

Tengan valor y firmeza; no tengan miedo ni se asusten cuando se enfrenten con ellas, porque el Señor su Dios está con ustedes y no los dejará ni los abandonará.

DEUTERONOMIO 31.6 DHH

El estrés es un enemigo de tu paz. Existe para robarte la calma. Piensa en una ocasión en la que irrumpió una mala noticia en tu vida e hizo que el corazón se te saliera del pecho. ¿Recuerdas cómo se aceleraba tu mente al intentar procesar la información? Quizá empezaste a sudar o a llorar. En cualquier caso, te quitaron el equilibrio. ¿Y si en esos momentos te pusieras inmediatamente a orar? En el suspiro siguiente, clamaste al Señor por ayuda. Esta decisión deliberada de activar tu fe tiene el potencial de cambiar las reglas del juego. Le dice a Dios que sabes que él es más poderoso que el enemigo, y libera su influencia en tu corazón para restaurar la paz que tenías.

40

REFLEXIONES SONORAS

Señor, tú conservas en paz a los de carácter firme, porque confían en ti.
Isaías 26.3 DHH

Como sugiere el versículo de hoy, hay una conexión muy poderosa entre mantenerse en paz y tener pensamientos sanos. Por eso tenemos que pedir al Señor que nos ayude a controlar nuestros pensamientos. Debemos tener autoridad para decidir qué pensamientos toman tierra y cuáles no, porque si no controlamos lo que pensamos, el estrés se apoderará de nosotras y la paz desaparecerá. Empezaremos a pensar en resultados o desenlaces horribles. Nos sentiremos juzgadas o poco queridas. Dejaremos que el miedo se salga con la suya y empezaremos a aliarnos con nuestras inseguridades. En lugar de ver un resquicio de esperanza, veremos un pozo oscuro. Pídele al Señor que mantenga tus pensamientos fijos en cosas buenas y positivas, y pide la ayuda de Dios para mantener tus pensamientos centrados en su bondad en tu vida.

41

SUJETA TUS PENSAMIENTOS

En fin, hermanos, piensen en todo lo que es verdadero, noble, correcto, puro, hermoso y admirable. También piensen en lo que tiene alguna virtud, en lo que es digno de reconocimiento. Mantengan su mente ocupada en eso. Hagan todo lo que les enseñé, todo lo que aprendieron al verme y oírme, y el Dios de paz estará con ustedes.

FILIPENSES 4.8-9 PDT

Con la ansiedad, tu mente se convierte en un campo de batalla para los pensamientos. Si no se tiene cuidado, la preocupación casi siempre se apodera de uno, y te deja abrumada y desesperanzada. No ves una salida a la situación y, en lugar de seguir adelante, te quedas atrapada por esos pensamientos negativos en una espiral de negatividad. Quizá por eso sean tan importantes estas palabras de Filipenses. Son una directriz que te guía a través del estrés y los conflictos. Que tus pensamientos se fijen cada día en todo lo verdadero, honorable, bello y puro.

42

EL PROCESO DE MADURACIÓN

Estoy convencido de que Dios empezó una buena obra entre ustedes y la continuará hasta completarla el día en que Jesucristo regrese.

FILIPENSES 1.6 PDT

Recuerda que estás en proceso. No importa lo que hagas o lo buena estudiante que seas, tu madurez no será completa hasta llegar al cielo. Tu tiempo en la tierra es para crecer en tu fe. Es muy importante recordar esto porque nos ayuda a ser conscientes de que aquí no haremos las cosas a la perfección. Puede que sepas que es tu fe en Dios lo que te ayudará a controlar el estrés, pero tal vez haya días en los que el estrés gane. Incluso tu mejor esfuerzo no siempre será suficiente. Pero Dios es paciente y bondadoso, y siempre estará ahí cuando lo necesites. Aprende a aceptar el proceso de madurez, sin dejar de confiar en el Señor para obtener paz y sabiduría.

43

LA RELACIÓN ENTRE EL ESTRÉS Y EL TEMOR

Donde hay amor no hay miedo. Al contrario, el amor perfecto echa fuera el miedo, pues el miedo supone castigo.

1 JUAN 4.18 DHH

Pocas cosas evocan el estrés tanto como el miedo. El miedo agudiza todos los sentidos y los pone en alerta. Te vuelves hipervigilante porque vives y respiras en modo protección. Y entras en un ciclo difícil de romper. Cuanto más miedo tienes, más estrés sientes. Cuanto más estrés sientes, más temor gobierna tu corazón. Pero la revelación del amor de Dios echa fuera el temor. Cuando te das cuenta de que eres amada y estás a salvo y segura en el Señor, puedes respirar. Puedes centrarte y dar sentido a lo que te hace sentir abrumada. Y tu mente y tu cuerpo empiezan a darse cuenta de que han sido engañados, de que no percibieron la relación tóxica entre el estrés y el miedo. Amiga, deja que el amor de Dios te abra la puerta a tener un corazón en paz.

44

TODAS TUS NECESIDADES

Por lo tanto, mi Dios les dará a ustedes todo lo que les falte, conforme a las gloriosas riquezas que tiene en Cristo Jesús.

Filipenses 4.19 DHH

Amiga, ¿qué necesitas en este momento? ¿Una salida a una situación estresante? ¿Necesitas que la paz se instale en tu espíritu? ¿Necesitas valor y confianza para volver a salir ahí fuera? ¿Necesitas encontrar la manera de creer en tu valía como mujer? ¿Necesitas que se restablezca una relación? Piénsalo. ¿Qué necesitas hoy? Sea lo que sea, puedes respirar aliviada porque el Señor no solo sabe contra qué estás luchando, sino que también promete satisfacer todas tus necesidades. Él puede traer la paz. Puede desestresar una situación. Él calmará el corazón. Él puede acabar con tu angustia y tu preocupación. Habla hoy con Dios sobre tu necesidad inmediata y apremiante de paz. Y luego descansa, sabiendo que él se ocupa de los detalles.

45

EL ESPÍRITU ORA POR TI

Además, el Espíritu Santo nos ayuda en nuestra debilidad. Por ejemplo, nosotros no sabemos qué quiere Dios que le pidamos en oración, pero el Espíritu Santo ora por nosotros con gemidos que no pueden expresarse con palabras. Y el Padre, quien conoce cada corazón, sabe lo que el Espíritu dice, porque el Espíritu intercede por nosotros, los creyentes, en armonía con la voluntad de Dios.

ROMANOS 8.26-27 NTV

A veces, en nuestro estrés, ni siquiera sabemos qué orar. No estamos seguras de lo que realmente necesitamos, así que nos quedamos calladas. Nuestras mentes están sobrecargadas, y se apagan en lugar de pedir ayuda a Dios. Pero en su soberanía, el Señor sabía que esto era parte de la condición humana. Por eso le encomendó al Espíritu Santo interceder en tu nombre. Él es plena y totalmente sabedor de lo que te preocupa. Entonces, cuando te falten las palabras... no olvides que el Espíritu le cuenta tus necesidades directamente a Dios por ti.

46

EN BUSCA DEL REINO

Así que no se preocupen por todo eso diciendo: «¿Qué comeremos?, ¿qué beberemos?, ¿qué ropa nos pondremos?». Esas cosas dominan el pensamiento de los incrédulos, pero su Padre celestial ya conoce todas sus necesidades. Busquen el reino de Dios por encima de todo lo demás y lleven una vida justa, y él les dará todo lo que necesiten.

MATEO 6.31-33 NTV

Preocuparse suele llevar a hacerse preguntas. Empiezas a pensar en voz alta qué podría salir mal. Preguntas por las cosas que te asustan, preocupada por cómo saldrá todo. *¿Cómo resultará esto? ¿Se enojarán los demás conmigo? ¿He hecho algo mal? ¿Qué hago ahora?* Te desesperas intentando que desaparezca la preocupación. Intentas arreglarlo tú misma. Pero las Escrituras dicen que si buscas el reino de Dios, si buscas la ayuda del Señor, él dará una paz a tu corazón que disipará las preguntas (y las preocupaciones).

47

TÚ ELIGES

Digan a los tímidos: «¡Ánimo, no tengan miedo!
¡Aquí está su Dios para salvarlos,
y a sus enemigos los castigará como merecen!».

ISAÍAS 35.4 DHH

Que este sea tu reto para plantar cara al estrés que intenta superarte. A menudo, elegimos asociarnos con el estrés. Cuando nos rendimos a él, dejamos que domine nuestra jornada y arruine nuestro estado de ánimo. Pero tú decides qué hacer con él una vez que asoma su fea cabeza. ¿Albergarás las preocupaciones que trae? ¿O encontrarás el valor y la confianza para acudir directamente a Aquel que puede calmar esas ansiedades que secan tu alegría? El Señor promete corregir todos los males que te tienen alterada. A ti te corresponde elegir confiar en él pase lo que pase.

48

FORTALEZA DE PROTECCIÓN

El Señor es mi luz y mi salvación, entonces ¿por qué habría de temer? El Señor es mi fortaleza y me protege del peligro, entonces ¿por qué habría de temblar?

Salmos 27.1 NTV

¿Qué cosas te han alarmado esta semana? ¿Una dscusión fuerte con tu marido? ¿Una pelea a gritos con tus hijos? ¿Una traición? ¿Un comentario hiriente de una amiga? ¿Algo en las redes sociales? ¿Un mal informe en el trabajo? ¿Un nuevo dolor en el cuerpo? ¿Una factura que no esperabas? ¿Sentirte insignificante? ¿Un fallo moral por tu parte? No importa lo que sea, Dios está contigo. En realidad, su protección infalible te rodea con amor. Te rodea porque te ama. Dios quiere ser quien te ayude a superar el estrés y los conflictos. Recuerda, él es la luz en esa oscuridad que amenaza con cubrirte.

49

TU PARIENTE REDENTOR

Sólo el Señor salva a su pueblo. Pero Jacob, el SEÑOR te ha creado; Israel, esto es lo que dice el que te formó: «No tengas miedo, porque yo te he liberado. Te puse tu nombre y me perteneces.

ISAÍAS 43.1 PDT

Dios te conoce. Conoce tu nombre. Dios te llama a apoyarte en él cuando la vida parece abrumarte. Además, Dios es tu pariente redentor, y eso significa que asume amorosamente la responsabilidad de liberarte del estrés que sientes. Él siempre está dispuesto a rescatar a su hija de las situaciones que causan conflictos. Para él, se considera un privilegio cada vez que confías en él para traer redención o vindicación. El Padre te protege, y quiere aliviar tu carga y sanar tu corazón ansioso. Habla con Dios ahora mismo sobre las circunstancias que te inquietan. Cuéntale lo que te preocupa. Él está listo para ayudar.

50

NUEVO NIVEL DE CONFIANZA

Busquen primero el reino de Dios. Después les dijo a sus seguidores: «Por eso les digo que no se preocupen por lo que van a comer ni por la ropa que se van a poner. La vida es más que la comida y el cuerpo más que la ropa».

LUCAS 12.22-23 PDT

Jesús estaba dando un mandamiento firme a sus discípulos. Asegúrate de leer el versículo de hoy con una lente de compasión y no de frustración. Fue por su profundo amor por lo que quiso asegurar a sus seguidores que conocía sus necesidades y las supliría. Les ofrecía una perspectiva eterna, desafiándolos a un nuevo nivel de confianza. Amiga, esto también es para ti. Sea cual sea la causa de tu ansiedad y tu preocupación, ten fe para creer que Dios es más grande. Debes saber que tu corazón atribulado no cae fuera de su mirada. Elige confiar en que él está listo para intervenir cuando se lo pidas. Deja que el Señor entre en esos lugares de ansiedad.

51

LA FUERZA DE MANTENERSE EN PIE

Al contemplar las montañas me pregunto: «¿De dónde vendrá mi ayuda?». Mi ayuda vendrá del Señor, creador del cielo y de la tierra.

SALMOS 121.1-2 DHH

Es muy importante saber de dónde viene tu fuerza. Si esperas que alguien o algo sea tu salvador, nunca hallarás la libertad. Con demasiada frecuencia, optamos por poner nuestra fe en cosas terrenales, y cruzamos los dedos para que arreglen nuestra vida. Depositamos nuestras esperanzas en las personas, el dinero, el alcohol, la comida y cosas similares para aliviarnos de los pensamientos de ansiedad, pero nos dejan igual de desesperanzadas que antes. El Señor quiere ser él quien te traiga la paz, porque él es realmente el único que puede hacerlo. Dios conoce las falsas promesas del mundo. Él entiende tu deseo de querer soluciones rápidas. Pero, al final, es de Dios de donde vendrá tu fuerza para enfrentarte al estrés.

52

UN OASIS DE PAZ

Me lleva a descansar a prados verdes, y me conduce a manantiales de agua fresca. Él me da nueva vida. Me lleva por buenos caminos para mostrarme lo bondadoso que es.

SALMOS 23.2-3 PDT

Lo que más necesitamos cuando estamos estresadas es un lugar donde hallar descanso. La ansiedad es agotadora porque nos mantiene agitadas. Nuestras emociones se arremolinan como pequeños tornados alrededor de nuestra mente y nos dejan exhaustas. Nos duele el corazón. En esos momentos, estamos completamente deshechas. Es casi insoportable. Y aunque anhelamos la paz, parece que no podemos encontrarla ni aferrarnos a ella. Pero, amiga, el Señor ha abierto un camino para revivirnos y restaurarnos. Déjate caer en sus brazos y que él sea tu oasis de paz.

53

AYUDA EN LAS SOMBRAS SIN FIN

El Señor es mi pastor, tengo lo que necesito.
[...] Aun cuando yo pase por el valle más oscuro,
no temeré, porque tú estás a mi lado. Tu vara
y tu cayado me protegen y me confortan.

Salmos 23.1, 4 NTV

Muchas veces, la ansiedad puede describirse como sombras sin fin. Puede hacerte sentir como si algo se cerniera sobre ti, poniendo oscuridad donde antes había luz y alegría. La ansiedad refrena la felicidad porque te recuerda siempre el peso que el estrés y las preocupaciones acumulan sobre tus hombros. Pero no olvides que Dios está contigo en esos momentos. Esa es su promesa inquebrantable que puedes encontrar en toda la Biblia. Él está ahí protegiéndote de las temporadas que secan tu alegría; y si se lo permites, él te guiará por el valle oscuro hacia espaciosos lugares de paz.

54

PERFUME PARA TU CABEZA

Me has preparado un banquete ante los ojos de mis enemigos; has vertido perfume en mi cabeza, y has llenado mi copa a rebosar. Tu bondad y tu amor me acompañan a lo largo de mis días, y en tu casa, oh Señor, por siempre viviré.

Salmos 23.5-6 dhh

Una cabeza necesitada de perfume puede parecer una tontería en el versículo de hoy, pero en realidad es una gran imagen de cómo nos sentimos a menudo cuando nos agobia la ansiedad. Piensa en ello. A veces el estrés pesa tanto que apenas podemos levantar la cabeza. Nos sentimos aletargadas y cansadas. Nuestro corazón está abrumado emocionalmente y solo queremos meternos en la cama y desaparecer bajo las sábanas. Pero qué alivio saber que Dios está con nosotras. A él no le inquietan las situaciones y personas difíciles de nuestra vida. En cambio, nos bendice delante de ellas. Él tiene plena autoridad sobre la ansiedad que sientes. La ayuda de Dios siempre trae esperanza.

55

CUANDO TE SIENTES ATRAPADA

Tenerle miedo a los demás es una trampa,
pero el que confía en el SEÑOR estará a salvo.

PROVERBIOS 29.25 PDT

La única manera de pasar por la vida con cierta alegría es fijar nuestra plena confianza en Dios. Son muchas las cosas que se nos vienen encima —cosas que no podemos sortear bien por nuestra cuenta— y necesitamos la ayuda del Señor para abordarlas de forma acertada. Hay temporadas en las que todo parece amontonarse a cada paso. Entre el miedo y la intimidación, el estrés y la preocupación, nos sentimos atrapadas en la desesperanza. El Señor te ve, querida amiga. Él entiende lo que estás enfrentando en este momento, y está listo para sacarte del caos y alzarte por encima de él. Eso no significa que no vuelvas a sentir estrés, pero te garantiza una salida cuando lo sientas.

56

ELLA VINO A JESÚS

Pero Marta estaba preocupada porque tenía mucho que hacer, entonces fue y le dijo a Jesús: —Señor, ¿no te importa que mi hermana me haya dejado todo el trabajo a mi sola? Dile que me ayude.

LUCAS 10.40 PDT

La historia de Marta es un regalo para las mujeres. Dios sabía que necesitaríamos leerlo, sobre todo porque sigue siendo relevante. El estrés implícito en preparar y atender visitas en nuestro hogar suele ser máximo, y a menudo nos sentimos abrumadas por la ansiedad de los detalles. Solemos ser las que estamos en la cocina mientras los demás disfrutan tan tranquilos. Al final, acabamos agotadas y resentidas. Pero fíjate en cómo Marta acudió al Señor con su frustración. Ahí está la joya. Ella sabía que él iba a arreglar lo que ella sentía que estaba mal. Recuerda, amiga, tú puedes hacer lo mismo.

57

PERCEPCIÓN

El Señor le respondió: —Marta, Marta, estás preocupada y molesta por demasiadas cosas, pero sólo hay algo realmente importante. María ha elegido lo mejor, y nadie se lo puede quitar.

Lucas 10.41-42 PDT

Ayer felicitamos a Marta por llevar sus frustraciones a Jesús. Hoy, vamos a reconocer el don de realizar un cambio divino en la percepción. Marta, estresada, ponía la mirada donde no debía. Desde su cocina, cocía el resentimiento por tener que servir sin ayuda. Pero su momento con Jesús desafió su perspectiva. Como mujeres, tenemos la oportunidad única de bendecir a amigos y familiares en nuestros hogares. ¿Y si, en lugar de dejar que nuestro trabajo nos provoque ansiedad y enojo, le pedimos a Dios que la paz reine en nuestros corazones al reconocer el privilegio de mostrar amor a los demás?

58

YA DERROTADA

Pero se acerca el tiempo —de hecho, ya ha llegado— cuando ustedes serán dispersados, cada uno se irá por su lado y me dejarán solo. Sin embargo, no estoy solo, porque el Padre está conmigo. Les he dicho todo lo anterior para que en mí tengan paz. Aquí en el mundo tendrán muchas pruebas y tristezas; pero anímense, porque yo he vencido al mundo.

JUAN 16.32-33 NTV

En nuestra ansiedad, podemos sentirnos solas. Podemos tener la sensación de que las personas se han alejado, rechazando nuestras súplicas de ayuda. El estrés te hace sentir como en una isla, ¿no es así? Pero la realidad es que tienes un Padre cuyo oído está atento a ti. Él nunca se distrae ni mira hacia otro lado. Por eso podemos hallar paz en la incertidumbre, porque creemos que él cuida de nosotras. Aunque Dios no promete una vida fácil y sin estrés, sí promete que el mundo no vencerá, porque él ya lo ha vencido.

59

UN SANTUARIO CONTRA EL ESTRÉS

Los que viven al amparo del Altísimo encontrarán descanso a la sombra del Todopoderoso. Declaro lo siguiente acerca del Señor: Solo él es mi refugio, mi lugar seguro; él es mi Dios y en él confío.

SALMOS 91.1-2 NTV

Deja que Dios sea tu santuario contra el estrés. Cuando tu matrimonio se tambalee o tu hijo sufra acoso escolar, deja que el Señor sea tu refugio. Cuando te enfrentes a la bancarrota o a la muerte de un ser querido, él será tu refugio. Cuando el tratamiento médico no funcione o tu empresa anuncie despidos, corre a Dios en busca de seguridad. Al fin y al cabo, el Señor es todo lo que tenemos. Y, amiga mía, ¡él es suficiente! Él es quien puede cambiar toda ansiedad por paz. No te dejará sin esperanza y preocupada por la vida. En cambio, cuando le permitas ser tu santuario contra el estrés, llenará tu corazón una sensación de calma y confianza.

60

TE TRAEMOS LA VICTORIA

No te atemorizará el peligro de la noche, ni las flechas que se lanzan en el día; tampoco la plaga que anda en la oscuridad, ni el destructor que llega a plena luz del día.

SALMOS 91.5-6 PDT

Al enemigo le gusta desanimarte con pensamientos de ansiedad. Te hace mirar hacia adelante para prever desenlaces horribles a situaciones que ya te tienen preocupada. Él hace crecer el temor en tu corazón, te hace temer que tu marido te abandone, que tus hijos no tengan éxito, que tu tratamiento fracase, o un millón de cosas que traigan un final negativo a tu vida. Pero Dios ha abierto un camino para que puedas ver con claridad a través de estos ataques. Cada vez que la preocupación y el estrés se cuelen en tu corazón, cuéntale al Señor qué es lo que se agita en ti. Él no te dejará luchar sola. En cambio, es el Señor quien te dará la victoria sobre cualquier estrategia demoníaca.

61

ESTÁS PROTEGIDA

Porque él dará orden a sus ángeles para que te protejan a dondequiera que vayas. Ellos te levantarán con sus manos para que ninguna piedra te lastime el pie. Pisotearás leones y serpientes venenosas; triunfarás sobre cachorros de león y sobre monstruos.

SALMOS 91.11-13 PDT

La Escritura dice que el Señor ha dado a los ángeles órdenes especiales para protegerte. Dondequiera que vayas, tienen la orden de defenderte. ¿Te lo imaginas? Piensa en todas las situaciones estresantes de las que has sido librada. Imagina los momentos de ansiedad que te has ahorrado porque estos ángeles cumplieron las órdenes de Dios. Aunque todas hemos tenido nuestra buena ración de momentos de preocupación, es un gran regalo saber que hemos sido protegidas de muchos de ellos. No has experimentado todo lo que el enemigo había planeado, ni mucho menos. Y puedes confiar en que las situaciones estresantes que enfrentaste fueron permitidas solo para tu bien y para su gloria. ¡Qué Padre tan maravilloso!

62

TIEMPOS DE PRESIÓN Y PROBLEMAS

Me llamará y yo le responderé; estaré con él cuando se encuentre en dificultades; lo rescataré y haré que le rindan honores. Haré que disfrute de una larga vida y le mostraré mi salvación.

SALMOS 91.15-16 PDT

Qué sorprendente revelación confirma este versículo. Si alguna vez te has preguntado si Dios escucha tus oraciones, aquí tienes una verdad contundente: sí. De hecho, el pasaje dice que él te responde cada vez que oras, incluso en tiempos de presión y problemas. ¿Cómo se hace real hoy esta verdad en tu corazón? Tal vez estés luchando con situaciones estresantes en casa o en el trabajo. Tal vez sufras ansiedad tratando de superar un trauma personal. Aférrate a la promesa de que Dios te escucha y está obrando en tu favor ahora mismo.

63

COMPASIÓN POR LOS QUEBRANTADOS

Los ojos del Señor están sobre los que hacen lo bueno [...]. El Señor oye a los suyos cuando claman a él por ayuda; los rescata de todas sus dificultades. El Señor está cerca de los que tienen quebrantado el corzón; él rescata a los de espíritu destrozado.

Salmos 34.15, 17-18 NTV

Dios siente una gran ternura hacia los que sufren o tienen el corazón roto. Él entiende que esta vida nos golpea. Él conoce las luchas y batallas a las que nos enfrentaremos. Y el Señor es consciente de la ansiedad que experimentarán nuestros cuerpos, corazones y mentes a lo largo de nuestra vida. Qué regalo tener un Dios tan compasivo que se preocupa intensamente y vela por ti. Qué bendición saber que él siempre oye tu voz, esperando a rescatarte cuando clamas a él. No estás nunca sola.

64

ESTRÉS RELACIONAL

¿Quieres vivir una vida larga y próspera? ¡Entonces refrena tu lengua de hablar el mal y tus labios de decir mentiras! Apártate del mal y haz el bien; busca la paz y esfuérzate por mantenerla.

SALMOS 34.12-14 NTV

Es muy difícil afrontar el desacuerdo. La mayoría queremos vivir una vida tranquila y llevarnos bien con quienes nos rodean. Deseamos desesperadamente tener armonía. Por eso, cuando nos vemos peleando y discutiendo, surge el estrés. Pero Dios nos recuerda cómo ser una bendición para nuestra comunidad, y tiene que ver con cuidar nuestras palabras. Cuida bien lo que dices. Evita cualquier tentación de usar tus palabras de forma negativa. No merece la pena. Una vez que dices algo, no hay vuelta atrás; y al final la ansiedad por lo que has dicho te agobia. Así pues, elige bendecir y no maldecir, y vive en paz.

65

EL PODER DE LA ALABANZA PARA COMBATIR LA ANSIEDAD

Alabaré al Señor en todo tiempo; a cada momento pronunciaré sus alabanzas. Solo en el Señor me jactaré; que todos los indefensos cobren ánimo. Vengan, hablemos de las grandezas del Señor; exaltemos juntos su nombre.

Salmos 34.1-3 NTV

Si te mantienes ocupada alabando al Señor en cada situación, en cada lucha y en cada estrés, no tendrás tiempo para concentrarte en tus problemas. Además, eso reforzará tu fe en que Dios tiene el control y te hará superar la preocupación y el miedo. Pruébalo. La próxima vez que comience a aumentar la ansiedad, empieza a dar gracias a Dios. Cuando aparezca la preocupación, empieza a contar todas las formas en que él ha sido fiel. En lugar de aliarte con el temor, piensa en las veces que el Señor te ha salvado o protegido. No olvides nunca que la alabanza es un arma poderosa contra la ansiedad.

66

SECA TUS LÁGRIMAS

Secará todas las lágrimas de ellos, y ya no habrá muerte, ni llanto, ni lamento, ni dolor; porque todo lo que antes existía ha dejado de existir.

Apocalipsis 21.4 DHH

¿Alguna vez el estrés te ha reducido a un charco de lágrimas? A veces, esos sentimientos abrumadores se nos escapan por los ojos mientras intentamos entenderlos. Es difícil mantener la calma y la serenidad cuando nos duele el corazón. No siempre podemos estar tranquilas cuando tenemos ansiedad por lo que se avecina. Y la preocupación y el temor no hacen más que alterarnos porque nuestras emociones están revueltas y en carne viva. ¿Pero no es lo propio de Dios prometernos que él enjugará toda lágrima? Es un gran estímulo saber que no siempre tendremos las mejillas mojadas de tanto llorar. La ansiedad no siempre gana. Un día estaremos libres de estrés en la presencia del Padre, y será glorioso.

67

ABOGA POR LA PAZ

Que el Señor que da la paz, les dé paz en todo lugar y en todo tiempo, y los acompañe siempre.

2 Tesalonicenses 3.16 tla

¿Crees que es posible tener paz en todo momento y circunstancia? Vivir sin estrés ni conflictos parece a veces un sueño imposible. Miramos a los que nos rodean, nuestras circunstancias y nuestro corazón y decidimos que está demasiado lejos para nosotras. Pero Pablo nos dice en su carta que, si Dios te lo concede, es posible. Viene de él. ¿Por qué te lo habría de dar? Considéralo una bendición por elegir una vida recta. Si te aferras al Señor cuando la vida aprieta, él te dará su paz.

68

INVITACIÓN A EXAMINARME

Oh Dios, examíname, reconoce mi corazón; ponme a prueba, reconoce mis pensamientos; mira si voy por el camino del mal, y guíame por el camino eterno.

SALMOS 139.23-24 DHH

¿Y si le pidieras al Señor que examinara tu vida en busca de focos de estrés? ¿Y si le invitaras a encontrar y sacar a la luz las áreas en las que se esconde la ansiedad? Solo Dios puede sanarnos completamente de nuestras inseguridades. Él es quien puede restaurar esos lugares rotos de nuestro interior. A menos que nos rindamos al Señor, seguiremos luchando contra esos factores estresantes sin experimentar su paz. Dedica hoy un tiempo a hablar con Dios sobre la idea de abrirte así ante él. Hazle saber qué es lo que te impide invitarle a examinarte. Pídele al Señor que aumente tu confianza y valentía para dejar que él te sane de adentro hacia fuera.

69

ÉL SIEMPRE SABE

Tu Espíritu me acompaña a todas partes; no puedo escapar de tu presencia. Si subiera al cielo, allí estarías; si bajara a las profundidades de la tierra, allí estarías. Si fuera al oriente donde nace el sol, allí estarías; o al occidente, al fin de los mares, allí estarías. Aun allí me tomarías de la mano y me conducirías; tú fuerte mano derecha me ayudaría.

SALMOS 139.7-10 PDT

Dios siempre sabe. Él ve tus lágrimas en tu matrimonio. Él sabe cómo a veces se te rompe tu corazón de mamá. Él escucha tu soliloquio negativo relatando los elementos estresantes del día. Él ve cómo te defraudan y la angustia que eso te genera. Él es consciente de esos pensamientos de ansiedad que te acosan por la noche. Y, como lo sabe, promete darte la fuerza y el coraje para sortearlos con poder y paz.

70

CADA MOMENTO

Mi entendimiento no puede con tus pensamientos; la suma de ellos es inmensa. Si pudiera contar cada uno de tus pensamientos, serían más numerosos que los granos de arena, y cuando terminara de contarlos, tendría todavía que continuar.

Salmos 139.17-18 PDT

Puede que no te sientas querida por nadie de tu familia. Es probable que te falten amigos en este momento. Tal vez no sientas que no les importas a los que te rodean. Y puede parecer que a nadie le importa si estás estresada o estás teniendo luchas. Pero, amiga, con Dios no es así. En absoluto. La Escritura dice que él piensa en ti en todo momento. ¿No es alucinante? No pasa un segundo sin que pases por su mente. Así que, cuando sufres preocupada por no importarle a nadie, descansa sabiendo que a Dios sí le importas y siempre le importarás. ¡Tú le importas mucho a Dios!

71

ABANDONA TU ANSIEDAD

Dios dice: «Dejen de pelear y acepten que yo soy Dios, todos me darán honor. Yo gobierno a las naciones y controlo al mundo entero».

Salmos 46.10 PDT

Cuando entregas tu ansiedad, estás cediendo el control. A veces nos aferramos a la ansiedad porque nos da permiso para entregarnos al caos. Tenemos una excusa para nuestro comportamiento. Se convierte en parte de nuestra identidad y aprendemos a aprovecharnos de ella para llamar la atención. Por eso, la idea de curarse de la ansiedad y encontrar la paz parece demasiado arriesgada. Pero, amiga, no fuiste creada para seguir adelante con estrés. No es sano ni para la mente ni para el cuerpo. En cambio, fuiste creada para vivir con alegría y paz. ¡Dios quiere esto para ti! Cuando entregas tu ansiedad, dejando a un lado tu tendencia al esfuerzo, permites que él haga un trabajo profundo en tu corazón. Y eso te permitirá a ti disfrutar de la vida.

72

ESPERAR EN DIOS

En cambio, los que confían en el Señor encontrarán nuevas fuerzas; volarán alto, como con alas de águila. Correrán y no se cansarán; caminarán y no desmayarán.

Isaías 40.31 NTV

A veces lo más difícil es esperar en Dios, sobre todo cuando necesitas ayuda desesperadamente. Quieres que él intervenga en ese mismo instante. Necesitas su respuesta para ayer. Y cuando una se encuentra en una situación estresante y necesita alivio, esperar pacientemente se ve como algo casi insoportable. Aquí es donde tu fe entra en contacto con la realidad. Es entonces cuando tu fe en la fidelidad del Señor debe ser firme. Cuando elijas poner tu confianza en él, encontrarás la fuerza necesaria para continuar. Encontrarás perseverancia. Tendrás capacidad para soportar. Serás capaz de sortear las situaciones que te provocan ansiedad mientras esperas la ayuda de Dios. Confía en su tiempo y en su plan. Él nunca llega tarde.

73

ELEGIR UN CORAZÓN ALEGRE

La alegría es como una buena medicina, pero el desánimo es como una enfermedad.

PROVERBIOS 17.22 PDT

¿Y si, cuando el estrés te golpea, eliges estar alegre? ¿Y si te negaras a dar la mano a la ansiedad? Lo cierto es que puedes elegir. Aunque tu primera reacción puede ser asustarte ante las malas noticias, que tu segunda respuesta sea el gozo. No siempre puedes contener esas reacciones iniciales, pero sin duda puedes elegir lo que viene después. Las situaciones estresantes son parte de la vida, pero si siempre estás cediendo a ellas, la Biblia dice que tu corazón enfermará. Eso es desesperanza. Y, amiga mía, esa no es forma de vivir la única vida que tienes. Puedes tener gozo porque Dios te asegura que él es fiel para salvarte. Él promete restaurar un corazón roto y estresado. Es más, Dios te recuerda que nunca te dejará encargarte de tu vida tú sola.

74

EXPERIMENTA LA ALEGRÍA

Hermanos míos, alégrense cuando tengan que enfrentar diversas dificultades. Ustedes ya saben que así se pone a prueba su fe, y eso los hará más pacientes. Ahora bien, la paciencia debe alcanzar la meta de hacerlos completamente maduros y mantenerlos sin defecto.

SANTIAGO 1.2-4 PDT

Pocos discutirían que el estrés pone a prueba tu fe. A veces una necesita todo lo que tiene para confiar en Dios cuando el corazón se le está desquiciando de miedo. No es fácil aferrarse a la esperanza cuando los pensamientos ansiosos lo consumen todo. Cuando estás agobiada por las preocupaciones, elegir la alegría parece imposible. Pero si le pides al Señor que aumente tu fe y perseverancia en él y en su tiempo, recibirás un cambio de perspectiva. Esa perspectiva te permitirá encontrar gozo y paz en los momentos de estrés y conflicto.

75

LAS PRUEBAS DE LA VIDA

Dios bendice a los que soportan con paciencia las pruebas y las tentaciones, porque después de superarlas, recibirán la corona de vida que Dios ha prometido a quienes lo aman.

SANTIAGO 1.12 NTV

Santiago nos dice que si nos mantenemos fuertes en las pruebas de la vida, encontraremos la felicidad. No podemos permitirnos desmoronarnos bajo el peso de la preocupación. Aunque la sintamos, no podemos dejar que nos hunda en el desánimo. Eso significa que no dejamos que las situaciones estresantes sometan nuestra cordura. Mantenemos una actitud positiva porque sabemos que Dios está obrando. No dejamos que la angustia y la ansiedad gobiernen nuestro día, dictando nuestro estado de ánimo y nuestra forma de tratar a los que nos rodean. Más bien, mantente firme. Apóyate en la fidelidad de Dios. Elige creer que él está activamente comprometido con liberarte.

76

SIEMPRE UNA PRIORIDAD

Por eso les digo que no se preocupen por la vida diaria, si tendrán suficiente alimento y bebida, o suficiente ropa para vestirse. ¿Acaso no es la vida más que la comida y el cuerpo más que la ropa?

MATEO 6.25 NTV

Qué fácil es decir que no debemos preocuparnos, pero llevarlo a la práctica como regla general es mucho más difícil. ¿No estás de acuerdo? Para muchas personas, la preocupación forma parte del día a día. Ni siquiera es una decisión consciente, sino más bien una opción por defecto. Pero el Señor quiere que sepas que él tiene en mente lo mejor para ti en todo momento. No importa qué preocupación cruce por tu mente, puedes estar segura de que él ya está trabajando en ella. Dios ha provisto lo necesario donde era necesario. Ha planeado la sanidad y la restauración. Dios ha ido delante de ti para despejarte el camino, y te ofrece descanso cuando abrazas la verdad de que siempre eres una prioridad para él.

77

MEJOR QUE LAS AVES

Miren los pájaros. No plantan ni cosechan ni guardan comida en graneros, porque el Padre celestial los alimenta. ¿Y no son ustedes para él mucho más valiosos que ellos?

MATEO 6.26 NTV

A veces necesitamos un cambio de perspectiva para comprender mejor hasta qué punto Dios nos ama y satisfará nuestras necesidades. Es fácil perderse en nuestros pensamientos de ansiedad y tener miedo de cómo pueda presentarse el futuro. Nos preocupan las variables. Nos estresamos por los detalles. Pero el Señor te invita a pensar en las aves, que siempre tienen lo que necesitan para sobrevivir. De alguna manera, estas aves son capaces de encontrar comida y refugio y seguir adelante sin importar las condiciones a las que se enfrentan. Amiga, si Dios te considera más valiosa que las aves a las que alimenta, ¿por qué perder el tiempo angustiada por cómo cuidará de ti? Dios te ve y conoce tus necesidades. Confía en él.

78

LA PREOCUPACIÓN NO APORTA NADA BUENO

¿Quién de ustedes, por más que se preocupe, va a añadir una hora a su vida?

MATEO 6.27 PDT

Preocuparte no aporta nada bueno a tu vida. Piensa en ello. Preocuparte no aporta esperanza. No añade emoción a lo que está por venir. Preocuparte no aumenta tu fe ni te anima a tener paz. Eso nunca ha aportado consuelo alguno a tu situación. La preocupación no te hace dormir mejor, ¿verdad? No. La preocupación solo te aleja de lo que Dios quiere para ti. Te roba las bendiciones propias de esperar en él. Te roba la armonía y el fruto, y mantiene alteradas tus emociones. Cuando el estrés empiece a aflorar en tu corazón, acude directamente a Dios con él. Deja que el Señor te lo quite para que puedas mantenerte firme en la fe venga lo que venga.

79

GRACIAS A DIOS

¿Y por qué se preocupan por la ropa? Fíjense cómo crecen los lirios del campo. Ellos no trabajan ni hilan para hacer su vestido. Sin embargo, les aseguro que ni siquiera el rey Salomón con toda su gloria se vistió como uno de ellos. Así que, si Dios así viste a todo lo que crece en el campo, que hoy tiene vida pero que mañana será quemado en un horno, con mucha más razón cuidará de ustedes. ¡No sean gente de poca fe!

MATEO 6.28-30 PDT

Preocuparse por la provisión es propio de la naturaleza humana. Nos preocupamos por cómo pagaremos las facturas, cómo llenaremos la despensa o los armarios de los niños, y por la tensión financiera de nuestros años de jubilación. La vida puede cambiar en un abrir y cerrar de ojos, y hemos aprendido por las malas que no hay nada seguro en este mundo. Pero Dios no cambia, y tampoco sus promesas de provisión. En lugar de pasar otro momento cobijando esa vieja ansiedad, ¿por qué no empezar a dar gracias a Dios ahora por todas las formas en que ya ha abierto camino? Con él, no hay que preocuparse en absoluto.

80

RELÁJATE

Así que no se preocupen, preguntándose: «¿Qué vamos a comer?» o «¿Qué vamos a beber?» o «¿Con qué vamos a vestirnos?» Todas estas cosas son las que preocupan a los paganos, pero ustedes tienen un Padre celestial que ya sabe que las necesitan. Por lo tanto, pongan toda su atención en el reino de los cielos y en hacer lo que es justo ante Dios, y recibirán también todas estas cosas.

MATEO 6.31-33 DHH

Respira hondo, amiga. Exhala tu preocupación por tus necesidades. Libera la tensión de intentar controlar y manipular los resultados de las cosas que te producen miedo. Deja ir las expectativas que te mantienen esclavizada. El mensaje de Dios para ti en este momento es que te relajes y elijas creer que Dios ve todas tus necesidades. Más aún, él se encargará de ellas en el momento oportuno y de la manera adecuada. El futuro que tiene para ti está lleno de esperanza y bondad. ¡Elige hoy confiar!

81

ABANDONAR EL TEMOR

No se preocupen; confíen en Dios y confíen también en mí.

JUAN 14.1 PDT

El temor es algo con lo que todas lidiamos de vez en cuando. Si se lo permitimos, penetra hasta la médula. Puede incapacitarnos y hacernos dudar de que las cosas buenas son posibles. El temor nos dice que todo acabará mal, así que no tiene sentido intentar un resultado diferente. Puede sacudir nuestros cimientos y desbaratar la sanidad por la que tanto hemos trabajado. Esta es exactamente la razón por la que la Palabra de Dios dice que abandones tu temor y confíes en Dios. No has sido creada para cargar con las preocupaciones de la vida. Todo el tiempo, su plan fue ser él quien te lo quitara. El temor es inevitable, pero lo que hagas con él puede llevarte a la paz o a un corazón lleno de ansiedad.

82

EL DIOS DE LAS POSIBILIDADES

Eso demuestra que para Dios todo es posible.

Lucas 1.37 TLA

Cariño, es hora de soltar el estrés. Puede parecer que estás en un callejón sin salida, pero no es así. Puede parecer que no funcionará, pero Dios está obrando. Puede que pienses que llegar a fin de mes depende solo de ti, pero las Escrituras no dicen eso. Antes de perder toda esperanza, clama al Señor por su ayuda. Tu percepción de lo que ahora mismo parece imposible puede ser engañosa. El plan del enemigo es que acabes desanimada. Pero Dios se apresura a recordar a través de su Palabra que él es el Dios de las posibilidades. Imposible no está en su vocabulario. Así que, cuando llegues a tu límite, acude al Señor para que te dé exactamente lo que necesitas.

83

QUE ÉL TE DÉ LAS FUERZAS

Yo te pido que seas fuerte y valiente, que no te desanimes ni tengas miedo, porque yo soy tu Dios, y te ayudaré por dondequiera que vayas.

Josué 1.9 TLA

No tienes por qué vivir en derrota. Tus pecados pasados no te relegan a una vida de desesperanza. No hay un castigo contra ti por ser imperfecta, y ya no tienes que andar cargando con la vergüenza y la culpa. Esas formas de vivir generan ansiedad y temor. En cambio, Dios manda con claridad que seamos fuertes y valientes. ¿Sabes por qué puede pedirte eso, sobre todo conociendo las trampas de este mundo? Es porque el plan es que él esté siempre contigo. Vayas donde vayas, Dios está allí. Así que cuando te topes con el muro de la ansiedad, encuentra la paz que anhelas entregándole el estrés a él, ¡y pídele que te dé fuerzas para continuar!

84

UNA BOLA DE ESTRÉS

¿Acaso con todas sus preocupaciones pueden añadir un solo momento a su vida?

Lucas 12.25 NTV

¿Puede la preocupación mejorar tu matrimonio? ¿Puede aliviar la presión financiera a la que estás sometida? ¿Preocuparte ayuda a tus hijos a rendir más en la escuela o en la cancha? ¿Mejora tu salud? Cuando dejas que la preocupación reine en tu corazón, ¿eso fomenta la bondad y la mansedumbre? ¿Puede mejorarte el día? No, amiga. El estrés y la ansiedad no hacen más que quitarte la paz y el ánimo. Y el Señor no quiere nada de eso para ti. Es difícil ser eficaz en nuestras relaciones cuando somos una bola de estrés. Deja que el Señor entre en tu caos y pídele ayuda y fuerza. Tu esperanza está en él y solo en él.

85

FIRMEMENTE ARRAIGADAS EN LA VERDAD

Pero benditos son los que confían en el Señor y han hecho que el Señor sea su esperanza y confianza. Son como árboles plantados junto a la ribera de un río con raíces que se hunden en las aguas. A esos árboles no les afecta el calor ni temen los largos meses de sequía. Sus hojas están siempre verdes y nunca dejan de producir fruto.

Jeremías 17.7-8 ntv

Cuando inviertes tiempo en la Palabra y conectas regularmente con Dios, tu inversión da sus frutos. El fruto de tu búsqueda del Señor da más profundidad a tu fe y tu dependencia de él. La profundidad del compromiso te fortalece para las duras temporadas que vas a atravesar, aunque ahora no estés en ninguna. Así, cuando lleguen las tormentas, junto con toda la ansiedad y el estrés, no serás conmovida. Puede que seas zarandeada por un tiempo, pero permanecerás firmemente arraigada en la verdad de que Dios es fiel y digno de confianza, y por eso puedes estar segura.

86

EN QUÉ FALLAMOS

Cuando alguna vez dije: «Mis pies resbalan», tu amor, Señor, vino en mi ayuda. En medio de las preocupaciones que se agolpan en mi mente, tú me das consuelo y alegría.

SALMOS 94.18-19 DHH

Parece que hoy en día hay demasiados puntos en los que podemos cometer errores. Desde movernos por el enojo en la crianza de los hijos hasta incumplir plazos importantes en el trabajo. Desde permitir situaciones que pueden provocar una caída moral hasta manipular mediante la amenaza de divorcio. Hemos tomado innumerables decisiones equivocadas y nos hemos preocupado por las consecuencias lógicas. Y lo más probable es que alguna decisión tenga sus consecuencias negativas alguna que otra vez, y nos deje emocionalmente descolocadas y desanimadas. La próxima vez, invita a Dios a entrar en tu dolor. Él no espera perfección y, cuando se lo pidas, su amor calmará tu corazón ansioso de maneras poderosas y necesarias.

87

CÓMO DEJAR QUE REINE LA PAZ

Dios hará vivir en paz a quienes le son fieles y confían en él.
Isaías 26.3 tla

¿Dónde necesitas paz ahora mismo? ¿En alguna relación desestabilizadora? ¿En la preocupación por un diagnóstico médico? ¿En una mudanza desesperante? ¿En un hijo que sacude tu hogar con sus terribles decisiones? ¿En el desastre de tus finanzas? ¿En ese ascenso en el que te han vuelto a ignorar? La Palabra de Dios dice que cuando eliges mantenerte centrada en él y confías en que él está activo y presente en tu situación, puedes experimentar la paz y lo harás. Ahí mismo, en medio de tu caos, la paz de Jesús reinará en tu corazón y gobernará en tu vida. Adquiere hoy el compromiso de apoyarte en Dios y a poner toda tu esperanza en él.

88

ÉL TE TOMA DE LA MANO

Porque yo, el Señor tu Dios, te he tomado de la mano;
yo te he dicho: «No tengas miedo, yo te ayudo».

Isaías 41.13 dhh

Es importante recordar que Dios nunca te abandonará, aunque otros sí lo hagan. Puede que una o dos relaciones lleguen a su fin de forma inesperada. Perderás por defunción a personas a las que aprecias mucho. Muchas se mudarán al otro extremo de la ciudad o a otra parte del país, y su vínculo, lógicamente, se deteriorará. Y es posible que algunas tengan que emplear su tiempo y esfuerzo en otras cosas, en ámbitos que ahora les exigen más que antes. Es normal que nuestro grupo de personas cercanas cambie a lo largo de la vida. Pero el Señor estará siempre ahí para darte compañía, consejo y aliento al pasar por el estrés y el conflicto. Y, amiga, su mano te tiene agarrada con firmeza y amor. ¡Cuéntale lo que necesitas!

89

CUENTA CON DIOS

Todos los que te odian quedarán avergonzados y humillados; los que luchan contra ti quedarán completamente exterminados. Buscarás a tus enemigos y no los encontrarás; los que te hacen la guerra serán como si no existieran.

Isaías 41.11-12 DHH

No te preocupes. El Señor conoce tu frustración. Él ha visto todas las situaciones en las que otros han intentado hacerte daño. Vio a los que actuaron contra ti y trajeron tanto estrés a tu vida. Dios es plenamente consciente de las veces que no se tuvo en cuenta tu interés. A él no se le escapó ninguno de los comentarios groseros, mezquinos y llenos de odio. Y ten por seguro que él ha estado contigo a través de todo. No estabas sola, y no tenías que pasar por esas situaciones estresantes sola. Cuenta con que Dios estará siempre contigo. Estás en su corazón y no te dejará caer en el pozo de la desesperación. Él cuidará de ti en cada paso del camino.

90

REMEDIO PARA LA FATIGA POR COMPASIÓN

Así que no debemos cansarnos de hacer el bien; porque si no nos desanimamos, a su debido tiempo cosecharemos. Por eso, siempre que podamos, hagamos bien a todos, y especialmente a nuestros hermanos en la fe.

GÁLATAS 6.9-10 DHH

Es habitual agotarse por ayudar a los demás. Se llama *fatiga por compasión*, y es algo real con lo que todas luchamos. Junto con el cansancio puede venir el estrés por intentar serlo todo para todos. Nuestros sentimientos pueden ser buenos, pero cuando trabajamos en nuestras propias fuerzas en lugar de pedirle a Dios que nos dé su fuerza, llegamos a nuestro límite. Ya sea ayudando a tus hijos a superar el divorcio, cuidando de tus padres ancianos o trabajando como voluntarias en un albergue, necesitamos que el Señor dé apoyo y fortaleza a nuestros esfuerzos. Asegúrate de que él sea tu fuente de energía, concentración y resistencia. Él ayudará a aliviar la ansiedad propia de la situación.

91

ESTRÉS SOCIAL

El Señor le dijo: —Mi apreciada Marta, ¡estás preocupada y tan inquieta con todos los detalles! Hay una sola cosa por la que vale la pena preocuparse. María la ha descubierto, y nadie se la quitará.

LUCAS 10.41-42 NTV

La pobre Marta estaba hecha un lío. Intentaba que su casa fuera lo más cómoda y acogedora posible para Jesús y los suyos. En lugar de disfrutar de los preparativos, estaba ansiosa. ¿Te sientes identificada? Ejercer de anfitriona es un estrés en sí mismo. Es como si nuestra identidad estuviera ligada al estado de nuestra casa y a nuestras habilidades culinarias. La perla del pasaje de hoy es que Marta fue directamente a Jesús con su frustración. En lugar de sumirse en el estrés y la ansiedad, pidió ayuda a Jesús. Puede que su respuesta no fuera lo que ella quería oír, pero era una verdad sobre la que apoyarse. Y se lo dijo con amor. Tú también obtendrás respuesta cuando lleves tus frustraciones al Señor.

92

PEDIR AYUDA

Pero cuando siento miedo, pongo toda mi confianza en ti.

Salmos 56.3 PDT

A veces es difícil aceptar ayuda porque una se siente débil o incapaz de encargarse sola de la vida. Pero lo cierto es que en el plan de Dios para ti nunca estuvo que fueras autosuficiente. Simplemente él no te diseñó para que fueras autosuficiente. No fuiste creada para actuar en solitario. Y la ansiedad suele aparecer en esos momentos en los que tenemos que pedir apoyo, ya sea a una amiga, a un familiar o incluso a Dios. Pero si quieres vencer la ansiedad, el Señor te invita a traer todo temor y preocupación ante él. Acepta su ofrecimiento de ayudarte a atravesar esos momentos difíciles, confiada en que él calmará tu corazón ansioso y te dará esperanza.

93

CUANDO LA VIDA TE ABOFETEA SIN ESPERANZA

Les digo todo esto para que encuentren paz en su unión conmigo. En el mundo, ustedes habrán de sufrir; pero tengan valor: yo he vencido al mundo.

JUAN 16.33 DHH

La sensación de desesperanza es difícil de superar cuando parece que la vida te abofetea a cada paso. Puede parecerte que el desánimo y las dificultades nunca te darán un respiro. Es fácil querer tirar la toalla y rendirse, por frustración con las amistades, por crisis económicas o por miedo al futuro. Pero el Señor es claro al decir que cabe esperar el tipo de situaciones que pueden provocar ansiedad. La Palabra nos dice que la vida será un reto. Pero cuando eliges acudir a Dios en cada momento de ansiedad e invitarle a entrar en el estrés y el miedo que te acosan, él te proporcionará una sensación de paz y una perspectiva divina que calmará cada preocupación a la que te enfrentes.

94

ESPERAR TEMPORADAS REVUELTAS

Aunque pase por caminos oscuros y tenebrosos,
no tendré miedo, porque tú estás a mi lado;
tu vara y tu bastón me reconfortan.

SALMOS 23.4 PDT

Debemos aprender a esperar temporadas complicadas que pueden amenazarnos con preocupación y ansiedad. La vida tiene sus vaivenes y altibajos. Esperar una navegación tranquila nos aboca a grandes decepciones. No es realista esperar experiencias en la cima todos los días. Pero a esto es a lo que podemos aferrarnos en los tiempos de valles profundos y oscuros: a la guía y el consuelo de Dios. El Señor estará a tu lado, y su presencia calmará la ansiedad al confiar en él. Esas temporadas difíciles son parte normal de la vida; por eso el Señor promete permanecer cerca.

95

NUNCA PIERDAS LA ESPERANZA

Que Dios, quien nos da seguridad, los llene de alegría. Que les dé la paz que trae el confiar en él. Y que, por el poder del Espíritu Santo, los llene de esperanza.

ROMANOS 15.13 TLA

En esos momentos en los que parece que el mundo se viene abajo, clama al Señor. Cuando todo lo que podría salir mal lo hace, háblale a Dios de tu corazón temeroso. Cuando tu estrés y tu ansiedad estén por las nubes y no encuentres esperanza, ora. El Señor siempre honra tu decisión de confiar en él. Él escucha cada oración que le envías y siempre responderá en el momento de la manera adecuada para tu situación. No importa con lo que estés lidiando, ¡su Espíritu te permitirá rebosar de esperanza!

96

PAZ INQUEBRANTABLE

Tener fe es tener la plena seguridad de recibir lo que se espera; es estar convencidos de la realidad de cosas que no vemos. Nuestros antepasados fueron aprobados porque tuvieron fe.

HEBREOS 11.1-2 DHH

Si haces de tu fe en Dios el fundamento de cada parte de tu vida, tendrás una paz inquebrantable. Tomar la decisión de confiar en el Señor por encima de tus propias capacidades es un acto de entrega. Es elegir creer a Dios más que a tu amigo más cercano y sabio. Es decidir que, a pesar de la vida difícil que te espera, siempre pondrás tu fe en él. Si puedes aceptar este cambio de vida, la ansiedad, el temor y las inseguridades dejarán de tener poder sobre ti. En cambio, elegirás la fe antes que el miedo en cada momento.

97

DOMINAR LOS PENSAMIENTOS ANSIOSOS

Nada puede separarnos del amor de Dios ¿Qué podemos decir acerca de cosas tan maravillosas como estas? Si Dios está a favor de nosotros, ¿quién podrá ponerse en nuestra contra?

ROMANOS 8.31 NTV

Cuando algo te preocupa, ¿tu mente se sumerge en un laberinto de pensamientos de ansiedad? En lugar de tener pensamientos positivos, ¿sueles prever desenlaces horribles, y sin esperanza de que gane el bien? ¿Decides que todo va a fracasar, así que no tiene sentido intentarlo? Puede ser difícil confiar cuando la vida sigue siendo dura. Ser optimista ante las dificultades suele parecer algo imposible. Por eso es tan importante que recordemos el versículo de hoy. Da esperanza al cansado, y nos recuerda que debemos dejar los pensamientos de ansiedad a los pies del Señor, porque cuando Dios está involucrado, el miedo no gana. Con él de nuestro lado, dominamos esos pensamientos de ansiedad.

98

HACER LAS PACES CON LOS REINCIDENTES

No empleen un lenguaje grosero ni ofensivo. Que todo lo que digan sea bueno y útil, a fin de que sus palabras resulten de estímulo para quienes las oigan.

Efesios 4.29 NTV

Gran parte de la ansiedad viene de nuestro trato indebido a otras personas. Cuando decimos palabras hirientes o respondemos con ira, cuando tratamos a alguien como algo insignificante, cuando con nuestras acciones comunicamos al otro que es una molestia, al final nuestra conciencia nos toca y nos sentimos fatal. En esos momentos, recuerda que la gracia de Dios está a tu disposición. Puedes confesar tus malas decisiones, pedir perdón y hacer borrón y cuenta nueva. No tienes que castigarte una y otra vez. Con Dios, tienes una segunda oportunidad para la reconciliación con los reincidentes y para reconectarte con aquellos a los que has herido. Puedes ser el tipo de mujer que ofrece palabras frescas y amables.

99

SU PERFECTO PLAN DE BONDAD

Sabemos que Dios obra en toda situación para el bien de los que lo aman, los que han sido llamados por Dios de acuerdo a su propósito.

Romanos 8.28 PDT

Por qué preocuparte por tu vida, sobre todo después de leer la explosiva verdad del versículo de hoy. Si Dios hace que cada detalle de tu vida encaje en su plan, eso significa que nada es casualidad. No hay accidentes. Nada ha escapado al ojo del Señor. No hay nada de que preocuparse cuando te das cuenta de que Dios tiene todo el control pase lo que pase. Y su mano está en tu vida de forma continuada. No es un momento aislado. Dios está íntimamente comprometido con darte gloria por ceniza. Así que, cuando empieces a estresarte y a llenarte de ansiedad, recuerda que él está ahí contigo, obrando su perfecto plan de bondad.

100

NUNCA RENUNCIES A TI

Cuando me encuentro en peligro, tú me mantienes con vida; despliegas tu poder y me salvas de la furia de mis enemigos. ¡El Señor llevará a feliz término su acción en mi favor! Señor, tu amor es eterno; ¡no dejes incompleto lo que has emprendido!

SALMOS 138.7-8 DHH

En esos momentos desgarradores en que las personas de mayor confianza te han abandonado, recuerda que Dios nunca lo hará. Su fidelidad no te fallará porque su amor por ti es eterno. Es inmutable. Es inquebrantable. Y mientras luchas contra la angustia por el rechazo o el abandono de un amigo o familiar, siempre podrás contar con el compromiso del Señor contigo. Puedes descansar sabiendo que él completará su buena obra en tu vida. Y encontrarás consuelo y paz para superar la soledad que sientes. La vida traerá tensiones de todo tipo, pero Dios calmará tu corazón ansioso con su amor.

101

TU PORTAL HACIA EL PODER

También me alegro de las debilidades, insultos, penas y persecuciones que sufro por Cristo, porque cuando me siento débil, es cuando en realidad soy fuerte.

2 Corintios 12.10 PDT

A veces, la debilidad amplifica nuestras inseguridades, y nos hace sentir insignificantes y patéticas porque estamos seguras de que nunca tendremos la fuerza que necesitamos. Nos preocupa vivir una vida de fracasos. Nos obsesionamos por no conseguir cosas importantes y necesarias. Y ese estrés se nos carga en los hombros y nos agobia. Pero ¿y si lo miraras a través de la lente de la fe y descubrieras que la debilidad es un portal al poder de Dios en ti? Cuando accedas a ese poder, te hará más fuerte y capaz de gestionar el estrés y los conflictos. Admitir tu debilidad ante el Señor invita a su poder a correr por tus venas, dándote la capacidad sobrenatural de salir adelante.

102

MANTENER LA CABEZA FUERA DEL AGUA

No temas ni te desalientes, porque el propio Señor irá delante de ti. Él estará contigo; no te fallará ni te abandonará.

DEUTERONOMIO 31.8 NTV

Cuando la ansiedad está al máximo, no hay mayor sentimiento de soledad en el mundo. Tiene una forma especial de hacerte sentir aislada, como si nadie entendiera por lo que estás pasando. Te da una visión de túnel, de modo que solo pones el foco en las cosas que te estresan. Te preocupa que todo implosione, así que tu cerebro hace un trabajo extra intentando solucionar los problemas. Pero ¿por qué no pedir ayuda a Dios? ¿Qué te impide clamar a él para pedirle valor y confianza? ¿Por qué no buscar en él soluciones y respuestas? ¿Por qué no pedirle su paz? Es vital recordar que no hay nada que pueda separarte del Señor. Él es una constante en tu vida. Y cuando sientas que la ansiedad te hunde, Dios promete mantener tu cabeza a flote. El estrés no es tu amigo ni sirve para nada. Deja que el Señor te lo quite mientras te consuela con su presencia.

103

GRACIA MÁS QUE SUFICIENTE

Dios puede darles a ustedes con abundancia toda clase de bendiciones, para que tengan siempre todo lo necesario y además les sobre para ayudar en toda clase de buenas obras.

2 Corintios 9.8 dhh

Una de las razones por las que nos estresamos es porque nos falta la gracia de dejar ir las cosas. Nos quedamos con el comentario grosero de nuestro marido cuando se fue a trabajar. Recordamos cómo nos habló nuestro jefe en plena reunión. Recordamos esa respuesta sarcástica de los niños cuando les pedimos que ayudaran en casa. Y cuando acumulamos estas ofensas, se amontonan en nuestro corazón y provocan ansiedad. ¿Alguna vez le has pedido al Señor que te dé más gracia... o la gracia adecuada? Él está dispuesto a darte lo que necesites cuando se lo pidas, y su gracia puede acabar con la acumulación de estrés que te agobia.

104

SALVAR Y RESCATAR

Dios amó tanto al mundo que dio a su Hijo único para que todo el que crea en él no se pierda, sino que tenga vida eterna. Dios no envió a su Hijo al mundo para condenar al mundo, sino para salvarlo por medio de él.

JUAN 3.16-17 PDT

¿Te preocupa alguna vez encontrarte cara a cara con Dios, estresada por la condena que crees que te espera? Puede ser abrumador pensar en todas nuestras ofensas al Señor. Es fácil retraernos ante él conscientes de su enojo por algunas de nuestras decisiones. Estamos seguras de que nuestras decisiones han sido una fuente de frustración para Dios. Así que nos escondemos de él en lugar de invitarle a entrar en la ansiedad que nos mantiene despiertas por la noche. Pero Jesús —por el gran amor de Dios— vino a salvarte y rescatarte, no a juzgarte y condenarte. Pídele que elimine ese estrés infundado para que nada obstaculice tu relación con él. Confía en lo que hay en su corazón por ti.

105

SÉ LA QUE ANIMA

Fortalezcan a los débiles, den valor a los cansados, digan a los tímidos: «¡Ánimo, no tengan miedo! ¡Aquí está su Dios para salvarlos, y a sus enemigos los castigará como merecen!».

Isaías 35.3-4 DHH

Una de las mejores maneras de amar a otras personas es siendo un recordatorio constante y poderoso de que Dios está con ellas y siempre activo en su situación de estrés. Podemos animar a los descorazonados, dirigiendo su mirada al Señor en busca de esperanza y ayuda. Aunque esta verdad parece obvia, el estrés a menudo nos hace olvidar lo que normalmente sabemos que es justo y bueno. Nos enredamos con las mentiras del enemigo. Nuestra mente se convierte en un campo de batalla, y con demasiada frecuencia la ansiedad gana. Así que busca oportunidades para recordar a tus seres queridos que Dios los equipará para atravesar sus circunstancias estresantes con confianza y valentía. Todas necesitamos consuelo en las épocas difíciles de la vida.

106

CUANDO NO ENCONTRAMOS LAS PALABRAS

Cuando los arresten y lleven a juicio, no se preocupen por lo que van a decir. Sólo digan lo que Dios les dé para decir en ese momento. No serán ustedes los que estén hablando, sino el Espíritu Santo que hablará por ustedes.

MARCOS 13.11 PDT

A veces el estrés hace que se nos trabe la lengua y nos cueste expresar lo que realmente sentimos. No encontramos las palabras para desahogar nuestro corazón angustiado, así que sufrimos en silencio. Intentamos manejarlo todo solas porque nos parece más fácil. Intentamos dar sentido a nuestra preocupación, pero su peso es abrumador. Cuando no encontramos las palabras, podemos confiar en que el Espíritu Santo nos las dará. Él tiene un conocimiento absoluto de lo que sentimos. Él ve hasta los más mínimos detalles de nuestra ansiedad. Él nos ayudará a encontrar las palabras adecuadas para compartir en el momento oportuno con Dios y con los demás nuestra lucha contra el estrés.

107

DIOS NO TIENTA

Cuando alguien tenga una tentación, no diga que es tentado por Dios, pues a Dios no lo tienta la maldad ni tampoco él tienta a nadie.

SANTIAGO 1.13 PDT

La Palabra dice que nunca señalemos a Dios para decir que él es la fuente de la tentación. La simple pero poderosa verdad es que él no puede ni quiere tentarte. Puedes enfrentar pruebas en la vida en las que él te enseñe verdades importantes, pero Dios nunca te tentaría a pecar o a tomar malas decisiones. Eso no cabe en su carácter intachable. Así que, cuando te sientas estresada o asustada, pídele claridad. Pregúntale si el problema que te causa ansiedad es una lección que él quiere que aprendas, como renunciar al control o vivir sin ser ofendida. O pregúntate si el enemigo te está tentando con el miedo o la preocupación para que salgas de la voluntad de Dios. Es fundamental conocer la diferencia, y si le preguntas a Dios, él te lo hará saber.

108

ESCUCHAR Y AMAR

Recuerden esto, estimados hermanos: estén más dispuestos a escuchar que a hablar. No se enojen fácilmente. El que vive enojado no puede vivir como Dios manda.

SANTIAGO 1.19-20 PDT

La ansiedad a menudo nos hace actuar fuera de lo habitual. Aunque normalmente eres amable, el estrés puede hacer que digas cosas hirientes. En lugar de buscar oportunidades para bendecir a los demás, te centras en ti misma. Un corazón con ansiedad puede hacer que te despreocupes de las necesidades de los demás. Por eso es tan importante el versículo de hoy, porque te recuerda que debes examinarte. Piensa en ello. ¿Te afecta el estrés y te enojas con rapidez? ¿Estás escuchando a los demás o deshaciéndote de todo lo que tienes en mente? ¿El miedo y la preocupación te ponen de mal humor y te hacen ser poco afectuosa con los demás? Si es así, pídele a Dios que sustituya el estrés por la paz para que puedas amar debidamente a tu comunidad.

109

NO ERES UNA MOLESTIA

Dios mostró su favor hacia nosotros hasta tal punto que dio a su propio Hijo para que muriera por nosotros. Siendo así, ¿cómo no nos va a dar, junto con él, todo lo que tiene?

Romanos 8.32 PDT

Amiga, no eres ningúna molestia. Sé que a veces puede parecer así, sobre todo cuando nuestras peticiones parecen molestar a quienes nos rodean. Pero nunca eres una molestia para Dios. Piénsalo. Si Dios entregó voluntariamente a su Hijo para que muriera en la cruz con el único propósito de salvar la brecha que el pecado dejó entre tú y él, ¿no estará dispuesto a hacer cualquier otra cosa por ti? ¿Qué podría haberle costado más que su Hijo? Así que, cuando estés llena de estrés y temor y le pidas su ayuda, esta vendrá. Sin pensarlo dos veces, el Señor te dará lo que necesitas. Él no encuentra ningún placer en negar la esperanza a sus hijos. Tu clamor por ayuda siempre será escuchado y atendido.

110

NO LO HAGAS SOLA

Y preocuparse por seguir las inclinaciones de la naturaleza débil lleva a la muerte; pero preocuparse por las cosas del Espíritu lleva a la vida y a la paz.

ROMANOS 8.6 DHH

Deja de intentar hacer las cosas tú sola. No puedes hacerte a ti misma buena y aceptable. Pensar de esa manera solo te traerá angustia. Puede que tengas éxito de vez en cuando, pero tu fuente de energía es el Señor, y sin él, acabarás agotada. El ser humano es limitado, y permitir que tu naturaleza pecaminosa controle tu mente te meterá en problemas. ¿Puedes verlo en tu propia vida? Una buena manera de evitar el estrés es concentrar tu mente en cosas piadosas, cosas que sabes que son verdaderas y buenas. ¿Cómo se hace eso? Pídele al Espíritu que controle tus pensamientos; cuando lo haga, encontrarás paz para reemplazar el estrés.

111

ESTRÉS POR HACER LO CORRECTO

Sin embargo, si de hecho sufren por hacer lo que es justo, entonces son afortunados. «No se preocupen ni les tengan miedo a quienes los hacen sufrir».

1 Pedro 3.14 PDT

Pon en perspectiva tu ansiedad. A veces el estrés es inevitable y forma parte del sufrimiento al que nos enfrentaremos en nuestra vida. Puede que te sientas estresada por las reacciones negativas cuando has defendido lo correcto. Puede que te sientas rechazada por ir en contra de la mayoría y elegir el camino de Dios. Puede que incluso tomes una decisión moral difícil que te ponga en aprietos en el trabajo. Pero eso no significa que no seas bendecida. El Señor no te ha abandonado. En realidad, puedes consolarte sabiendo que Dios vio tus decisiones difíciles. Vio sus respuestas críticas. Y él sabe el estrés y la lucha que te causó hacer lo correcto. Mantente firme, guerrera. Estás bendecida.

112

ÉL SIEMPRE CUIDARÁ DE TI

No serán avergonzados en tiempos difíciles; tendrán más que suficiente aun en tiempo de hambre.

SALMOS 37.19 NTV

Dejemos esto claro aquí y ahora. El Señor siempre cuidará de ti. ¡Es una promesa! Tu situación actual puede parecer sombría, pero Dios no la pierde de vista. El futuro puede parecer inquietante, pero él ya está haciendo que las cosas obren para tu bien. Tal vez no puedas evitar sentir que las cosas se vean oscuras y desesperadas en algunas relaciones clave, pero Dios te fortalecerá y te ofrecerá paz. Él estará ahí para rescatarte. Él te salvará. El Señor conoce todas las cosas que te estresan y te hacen pasar noches de insomnio. Y cada vez que clamas a él, te escucha y promete responderte. No pierdas más tiempo con las preocupaciones. No te dejes llevar por la ansiedad. En cambio, acude directamente al Señor. ¡Te está esperando!

113

NO AHOGUES LO BUENO

La semilla sembrada entre espinos representa a los que oyen el mensaje, pero los negocios de esta vida les preocupan demasiado y el amor por las riquezas los engaña. Todo esto ahoga el mensaje y no lo deja dar fruto en ellos.

MATEO 13.22 DHH

No seas el tipo de mujer que escucha las enseñanzas de Dios pero permite que la preocupación ahogue lo bueno. Aunque hay muchas oportunidades para preocuparse, deja que la Palabra te anime a confiar. Deja que desafíe tus viejas formas de reaccionar a las situaciones de estrés. Tu fe madura pasando tiempo con el Señor. El fruto crece y se hace evidente en tu vida a partir de esos espacios sagrados. Es posible mantener a raya el estrés. Si fijas tu mirada en las promesas del Señor, podrás aferrarte a la verdad en lugar de enredarte en la tensión y el trauma diarios. Dios te dará confianza para enfrentarte al estrés.

114

EN TODO MOMENTO

Sé que el Señor siempre está conmigo. No seré sacudido, porque él está aquí a mi lado.

Salmos 16.8 NTV

Con Dios, puedes vivir sin miedo pase lo que pase. Aunque te sientas sola. Aunque las posibilidades parezcan estar en tu contra. Aunque te sientas juzgada. Aunque tu corazón sienta ansiedad. Aunque la vida te parezca demasiado grande y tus problemas demasiado desastrosos. La verdad es que Dios siempre está contigo. Él va delante de ti, despejando y señalando el camino, por eso no tienes que vivir con miedo. Puedes mantenerte firme en el propósito de Dios para ti al crearte porque él está contigo en todo momento. No hay lugar para los pensamientos de ansiedad porque el Señor llena cada área de preocupación con su amor. No lo olvides, amiga. Que esto sea un ancla para ti.

115

LA ATRACCIÓN DE LA ANSIEDAD

Piensen en las cosas del cielo, donde Cristo gobierna a la derecha de Dios. No piensen en las cosas de este mundo.

COLOSENSES 3.2 TLA

La ansiedad crece cuando te obsesionas con todas las cosas que no puedes cambiar. Crece cuando te quedas mirando tus circunstancias adversas y se ríe ofreciéndote una gran dosis de desesperanza. Se multiplica cuando das la espalda a la ayuda de Dios y te paga con noches de insomnio. La ansiedad se alía con el miedo para hacer que tu situación sea casi insoportable, de modo que pierdes eficacia y te paralizas. Por eso la Palabra de Dios te recuerda que pongas tu mente en sus promesas, porque eso te alejará de la preocupación constante. Centrar tu tiempo y atención en cualquier solución terrenal puede permitirte un arreglo a corto plazo, pero no te dará el tipo de libertad que Dios ofrece. Solo cuando fijes tus ojos en Dios vencerás la atracción de la ansiedad.

116

ÉL ENJUGARÁ TODA LÁGRIMA

Él secará todas sus lágrimas, y ya no habrá muerte ni sufrimiento, ni llanto, ni dolor, porque el mundo como existía antes ya desapareció.

APOCALIPSIS 21.4 PDT

¿Con qué heridas estás lidiando en este momento? ¿Te estás recuperando de una conversación difícil con una amiga? ¿Te duelen los comentarios groseros de tu cónyuge? ¿Te ha pasado alguien por encima en el trabajo y se ha llevado el mérito de un buen trabajo tuyo? ¿Tu hijo te ha roto el corazón con una mala decisión? Lo cierto es que todas estas heridas provocan ansiedad por un motivo u otro. Y mientras vivamos en comunidad, siempre habrá oportunidades para sufrir. Pero hay esperanza cuando llevas esos factores de estrés a Dios, porque al final él enjugará toda lágrima de tus ojos. Las heridas a las que te enfrentas ahora se desvanecerán, ¡y la paz reinará en tu corazón!

117

¿CUÁLES SON TUS MOTIVOS?

Cuidado con lo que hacen. No hagan algo bueno ante la gente sólo para que los demás los vean pues así no recibirán ninguna recompensa de su Padre que está en el cielo.

Mateo 6.1 PDT

El estrés viene de intentar impresionar a los demás con nuestra forma de vida. El deseo de que alguien perciba nuestras buenas acciones provoca ansiedad porque siempre estamos actuando para obtener aprobación. Nos volvemos hipervigilantes, lo que da pie a que nos preocupe si vieron lo que hicimos. Y si lo vieron, ¿quedaron impresionados? ¿Les cautivó? Amiga, este no es un motivo cristiano. Nuestro objetivo no debe ser presumir ante los demás, esperando que queden fascinados y embelesados. En cambio, vive de tal manera que los demás quieran saber qué hace que tu vida sea diferente. Que tus palabras y acciones dirijan la mirada hacia Dios en el cielo. Que tu vida realce a Dios y su bondad. ¡En eso no hay estrés!

118

INTENTAR ENCAJAR

No permitas que los perversos te inquieten, ni sientas envidia de los que hacen maldades.

SALMOS 37.1 PDT

Puede ser estresante intentar encajar en el «grupo de moda», sobre todo cuando lo que las hace populares va en contra de lo que sabes que es correcto. Tal vez toman demasiado o coquetean cuando su cónyuge no está. Quizá siempre intentan engañar al sistema. Tal vez gastan dinero imprudentemente y no puedes seguirles el ritmo. Por mucho que te guste formar parte de su grupo, tu brújula moral sigue dando la voz de alarma. Hay ansiedad en andar en el límite entre vivir para Jesús y tratar de encajar en el mundo. Pregúntale al Señor cuál es su perspectiva sobre la situación. Pídele que te muestre qué importa y qué no. Y pídele a Dios discernimiento para no perder el tiempo persiguiendo las cosas equivocadas.

119

¿QUÉ COLECCIONAS?

No almacenes tesoros aquí en la tierra, donde las polillas se los comen y el óxido los destruye, y donde los ladrones entran y roban.

MATEO 6.19 NTV

Está bien querer que tu casa sea acogedora. Es normal decorar las paredes y estanterías con cosas que te hacen feliz. Querer que los visitantes tengan una sensación hogareña al entrar es un interés legítimo. Pero se convierte en un problema cuando te estresa lo que los demás puedan pensar de tu casa. Si acumulas tesoros para impresionar a los demás o llenar un vacío en tu interior, eso debe ser una señal de alarma. Dios es claro al decir que no acumulemos bienes aquí en la tierra, porque no tienen valor eterno. Así pues, estresarse por crear el hogar perfecto para una misma o para los demás no lleva aparejada ninguna recompensa eterna. El cielo es tu destino final, así que elige coleccionar cosas con valor eterno.

120

RESCATADA DE LOS ENREDOS

Te rescatará de toda trampa y te protegerá de enfermedades mortales.

SALMOS 91.3 NTV

A veces solo necesitamos que nos rescaten del lío en el que estamos enredadas. Aunque nuestras elecciones pueden ponernos en peligro, no siempre son conscientes. No siempre estamos buscando problemas, ¿verdad? En cualquier caso, es estresante estar atrapada en nuestra situación. No poder hallar la libertad es, en el mejor de los casos, descorazonador; y cuando estamos atrapadas, es el momento perfecto para clamar a Dios en busca de ayuda. Cuando no podemos salvarnos a nosotras mismas, él promete salvarnos. Nos asegura que está listo y dispuesto para entrar con todo en nuestro lío para liberarnos. Y, honestamente, cuando le pides con humildad al Señor que tome el control de las situaciones cargadas de ansiedad en las que estás, él lo hace.

121

OBLIGADAS A PROTEGER

Con sus plumas te cubrirá y con sus alas te dará refugio.
Sus fieles promesas son tu armadura y tu protección.

SALMOS 91.4 NTV

Lo más probable es que entiendas la mentalidad de proteger a los tuyos, sobre todo si eres madre, ya sea por alumbramiento, por adopción o como mentora espiritual. Cuando alguien que te importa está sufriendo, se suscita algo en ti. En esos momentos, el corazón se acelera y la sangre bombea por las venas. Tu instinto protector se activa y estás lista para la acción. La adrenalina te da fuerzas para actuar. Ahora piensa cuánto más capaz es Dios de cuidarnos y protegernos con su amor perfecto. Cuando él te ve agobiada por la preocupación o el temor, su primera respuesta es cubrirte bajo sus alas. Él forma un escudo a tu alrededor. Se convierte en un sólido muro que te protege de lo que te causa estrés y conflictos. Qué hermosa imagen del amor y la compasión de Dios.

122

ESTRÉS POR LA CAÍDA DE OTROS

Aunque caigan mil a tu lado, aunque mueran diez mil a tu alrededor, esos males no te tocarán. Simplemente abre tus ojos y mira cómo los perversos reciben su merecido.

SALMOS 91.7-8 NTV

Cuando estás caminando con el Señor, no dejes que la caída de alguien de tu entorno te estrese y te haga preocuparte por si serás la siguiente. Da miedo ver a las personas sufrir las consecuencias de sus actos. Es desestabilizador cuando queda expuesto el pecado de alguien a quien tenías en alta estima. En esos momentos, pídele al Señor que proteja tu corazón mientras atraviesas el dolor. Pídele que te infunda valor y confianza en él para que no caigas en el pozo de la ansiedad. Pide sabiduría para discernir con cuidado tus próximos pasos, siguiendo su guía. Comparte con Dios cada emoción que corre por tus venas mientras procesas lo que tus ojos están viendo. Y si hay algo que debas confesar, quítate de encima ese peso de preocupación.

123

TU LUGAR DE RESIDENCIA

Ya que has hecho del Señor tu refugio, del Altísimo tu lugar de protección, no te sobrevendrá ningún mal ni la enfermedad llegará a tu casa.

SALMOS 91.9-10 DHH

Cuando te des cuenta de que las expectativas que tenías en tu relación no eran realistas, habla con el Señor. Si has trabajado duro por algo que no se ha hecho realidad y te ha dejado desconsolada, ora. Cuando los resultados de las pruebas revelen una enfermedad que ni antes siquiera te preocupaba, cuéntale tu temor a Dios. Cada vez que la vida te lance una bola difícil, haz que Él sea tu lugar de residencia. Corre en busca de su cobijo. Que el Señor sea tu refugio y tu protección. Dios es el único lugar seguro donde puedes ser plenamente vista y conocida. Él es digno de confianza. Él es fiel. Y en lugar de intentar arreglar las cosas por ti misma o confiar en soluciones mundanas, apóyate en el amor de Aquel que te creó.

124

CUANDO LA DUDA TE HUNDE

Entonces Jesús extendió su brazo, agarró a Pedro y le dijo:
—Pedro, tú confías muy poco en mí. ¿Por qué dudaste?
Mateo 14.31 TLA

Dudar forma parte de la condición humana. Cuando estás llena de preocupaciones, es porque dudas de que las cosas salgan a tu favor. Tener ansiedad indica que no estás segura de las acciones que se están llevando a cabo. La verdad es que en este mundo nada está garantizado. Demasiado a menudo, en lugar de ir directamente a Dios con nuestro estrés, nos asentamos en la angustia y la duda. Pedro no tuvo problema para salir de la barca y caminar sobre el agua hacia Jesús, pero las olas le hicieron dudar de su seguridad, y empezó a hundirse. Sin embargo, fíjate en que el Señor tendió su mano y salvó a Pedro. No fue castigado por dudar. Jesús lo tomó y lo aseguró. Confía en que él hará lo mismo por ti.

125

A PLENA VISTA

Señor, tú conoces todos mis deseos, ¡mis suspiros no son un secreto para ti! Mi corazón late de prisa, las fuerzas me abandonan, ¡aun la vista se me nubla!

SALMOS 38.9-10 DHH

Rara vez nos gusta sentirnos expuestas. No solemos ser muy partidarias de que nuestros momentos de debilidad queden a la vista de todos. Para un corazón que ha sido pisoteado y golpeado en el pasado, resulta duro mostrarse vulnerable. La mayoría de las veces, intentamos mantener nuestra ansiedad a raya. Intentamos ocultarlo para que parezca que lo tenemos todo controlado. No queremos que los demás sepan que en el fondo estamos aterrorizadas y asustadas. Pero Dios quiere que encuentres alivio en que tu enmarañado corazón está a plena vista para él. Él es un lugar seguro si experimentas el caos. Puedes dejar que aparezcan todos tus temores y preocupaciones. Confía en que él siempre te ofrecerá ayuda cuando te sientas abrumada por la vida.

126

LA RAZÓN PARA PERMANECER ARRAIGADA

Yo lo pondré a salvo, fuera del alcance de todos, porque él me ama y me conoce.

SALMOS 91.14 DHH

Si alguna vez hubo una razón de peso para permanecer arraigada y conectada al Señor, es la que revela el versículo de hoy. Dios establece una clara conexión entre tu deseo de una relación con él y su respuesta a tus necesidades. El Señor honra a quienes muestran devoción —como pasar tiempo con la Biblia, elegir seguir sus caminos y sacar tiempo para orar— y los rescata del estrés y el conflicto. Cuando la ansiedad se dispara y es el nombre de Dios el que está en tus labios, eso marca una diferencia para él. Apoyarse en el Señor porque confías en su carácter y en sus promesas no le pasa inadvertido. Y cuando es a él a quien clamas en los momentos de temor, eso siempre te dará la fuerza del valor y la confianza.

127

ABRUMADA

Mi culpa pesa sobre mi cabeza como una enorme carga. Me estoy hundiendo.

Salmos 38.4 dhh

Pocas cosas provocan tanta ansiedad como la culpa. Nos preocupa ser descubiertas y que otros se sientan decepcionados por nuestras decisiones. Nos preocupa que las mentiras que dijimos se muestren y nos dejen en humillación. Nos estresamos por lo que nuestras acciones han hecho a nuestros seres queridos, y tememos que queden marcados para siempre. La culpa tiene su manera de hacernos sentir abrumadas, sobrecargadas. Tengo una buena noticia para tu corazón cansado: el Señor ya conoce tu culpa. Él entiende tus motivos mejor que tú. Él ve tus temores, y eso le convierte en el mejor a quien acudir en busca de ayuda. Sin condenarte, el Señor te ayudará a encontrar alivio para que puedas vivir en la libertad por la que murió Jesús.

128

PALABRAS LÍQUIDAS

Señor, tú sabes lo que deseo.
Has escuchado mis lamentos.

Salmos 38.9 PDT

Dios ve cada lágrima llena de estrés que rueda por tu mejilla. Ni una sola cae sin que él se dé cuenta. Más aún, el Señor sabe qué preocupación representa esa lágrima. Él entiende perfectamente lo que la provocó. La Biblia dice que tus lágrimas son palabras líquidas y que Dios las lee todas. Cuando tu matrimonio es un desastre, él lo sabe. Cuando tienes miedo por el futuro, él lo ve. Cuando la salud mental de tu hijo se tambalea, el Señor reconoce el estrés. Amiga mía, que la verdad de que él conoce cada preocupación y temor traiga paz a tu alma cansada. Aquel que salvará y restaurará te conoce plenamente. Él traerá paz y consuelo. Y a él no se le escapa ninguna palabra líquida.

129

ÉL NO TE DEJARÁ NI TE ABANDONARÁ

Señor, no me abandones. Dios mío, no te quedes lejos de mí. Apresúrate a ayudarme. ¡Señor mío, sálvame!

Salmos 38.21-22 PDT

Asienta hoy en tu corazón esta poderosa verdad: Dios nunca te abandonará. No te dejará. No te dejará sola ni te echará de sí. El Señor no te rechazará hagas lo que hagas. Él nunca te abandonará. Dios no renunciará a ti ni te abandonará. Y, amiga, el Señor nunca te dará la espalda. Cuando tus pensamientos de ansiedad te lleven por el camino que te dice que no eres digna de ser amada o valorada, voltéate. Cuando viejos recuerdos de rechazo o abandono te quieran convencer de que eso es lo que Dios siente por ti, repréndelos. Acude a Dios y cuéntale la ansiedad que hay en tu corazón. Luego observa cómo él te da poder y confianza en su amor inquebrantable una vez más.

130

LA GRAVEDAD DEL RECHAZO

Mi corazón late exageradamente. Se me ha acabado la fuerza y mis ojos han perdido su brillo. Mis amigos y quienes me querían no se acercan a mí por causa de mi enfermedad. Hasta mis familiares se han alejado de mí.

SALMOS 38.10-11 PDT

Experimentar el rechazo de amigos y familiares nos desestabiliza. Abunda en nuestro sentimiento de que no valemos nada. Se supone que estas personas están ahí en las buenas y en las malas. Nos apoyamos en ellas en los momentos difíciles. Y cuando nos quedamos solas, la ansiedad se dispara y salen a la luz nuestros mayores temores. ¿Cómo dar sentido a estas situaciones? ¿Cómo podemos volver a confiar? ¿Por qué arriesgarnos una vez más? Es entonces cuando corremos hacia Dios y le pedimos que calme nuestros temores. Le pedimos que consuele nuestro corazón roto. Dejamos que él nos devuelva nuestro sentido de valía. En estos momentos, deja que el Señor sea tu lugar seguro. Él no te defraudará.

131

NO ARRAIGADAS EN LA PREOCUPACIÓN

Tengan cuidado y no dejen que sus corazones se hagan insensibles por los vicios, las borracheras y las preocupaciones de esta vida, para que aquel día no caiga de pronto sobre ustedes.

LUCAS 21.34 DHH

Dios te pide que estés preparada para el regreso de su Hijo. Quiere que estés alerta, porque ese maravilloso instante puede llegar en cualquier momento. Aunque Dios no quiere que vivas estresada por ello, espera intencionalidad. A veces ese tipo de pensamientos de ansiedad nos controlan. Nos obsesionamos con ellos, intentando asegurarnos de que todo está en orden. Nos preocupa haber pasado algo por alto o no estar haciendo lo correcto. Así no es como Dios quiere que seamos. Cuando él te pide que estés en guardia, te está pidiendo que vivas con pasión y propósito, y estas peticiones no están arraigadas en la preocupación. Están arraigadas en la fe. Y ahí es exactamente donde el Señor espera que te quedes.

132

SÉ AMABLE CON LOS DEMÁS

Alejen de ustedes la amargura, las pasiones, los enojos, los gritos, los insultos y toda clase de maldad. Sean buenos y compasivos unos con otros, y perdónense mutuamente, como Dios los perdonó a ustedes en Cristo.

Efesios 4.31-32 dhh

Sé amable con los demás. Cuando nuestros seres queridos tienen dificultades, a menudo les decimos que sigan adelante. Nuestro consejo es que cobren ánimo y hagan realidad lo que necesiten. Intentamos animarlas diciéndoles que no sean niñitas y que se pongan manos a la obra. Aunque nuestros motivos sean buenos, ese tipo de palabras no son amables. Resultan duras y aumentan el estrés en lugar de reducirlo. En su estado de preocupación, nuestros seres queridos no reciben nuestras palabras como pretendíamos, y sus sentimientos se ven heridos. Es muy importante saber amar a los demás. Debemos elegir nuestras palabras con cuidado, tratar a los demás con respeto y perdonar en seguida. De ese modo, no seremos la causa de ningún estrés ni conflicto en su vida.

133

POR QUÉ ESPERAMOS

SEÑOR, yo espero en ti; tú, Señor y Dios mío, serás quien responda.

SALMOS 38.15 PDT

Aguanta, querida. Cuando el estrés sea abrumador, aguanta. Cuando la ansiedad te robe el sueño, sigue hablando con Dios. Cuando no puedas dejar de preocuparte por desenlaces y finales horribles, sigue orando. Cuando sientas que tus preocupaciones son demasiado pesadas, no pierdas la esperanza. A veces tenemos que esperar que el Señor nos quite el cansancio de nuestro camino. No es porque él no nos escuche. No es porque nos esté castigando o no tenga tiempo. Pero hay cosas importantes que aprendemos por el camino, herramientas que necesitamos en nuestro equipamiento. Por tanto, toma la determinación de esperar la ayuda de Dios, sabiendo que llegará en el momento perfecto. Y, sí, siempre llegará.

134

EL LLAMADO A VIVIR EN PAZ

Hasta donde dependa de ustedes, hagan cuanto puedan por vivir en paz con todos. Queridos hermanos, no tomen venganza ustedes mismos, sino dejen que Dios sea quien castigue; porque la Escritura dice: «A mí me corresponde hacer justicia; yo pagaré, dice el Señor».

ROMANOS 12.18-19 DHH

Dios quiere que seas una pacificadora. Su esperanza es que cada una de nosotras haga lo necesario para salir adelante. A veces eso significa elegir no ofendernos. Significa que no juzgamos a los que nos rodean. Otras veces, significa que tenemos conversaciones difíciles para aclarar las cosas y restablecer la armonía en nuestras relaciones. Tal vez el Señor quiere que vivamos en paz para que no nos agobiemos por las preocupaciones. Quizá la esperanza de Dios es que sus hijos alcancen la libertad por la que murió su Hijo, y sabe que la ansiedad lo haría imposible. Sea cual sea el *porqué*, confía en que Dios quiere que vivas en paz por buenas razones... y conviértelo en una prioridad en tu vida.

135

LA BATALLA CONTRA LA SOLEDAD

En completa paz me acuesto y me duermo,
porque tú, Señor, me haces vivir tranquilo.
Salmos 4.8 PDT

¿Alguna vez te ha costado conciliar el sueño por culpa de la ansiedad? Sin duda, un corazón preocupado acaba a menudo con la facilidad para el sueño. Suele ser en la tranquilidad de la noche cuando nuestros pensamientos no cesan lo suficiente para dejarnos descansar. Nos llevan por caminos de desesperanza y angustia, pues no le vemos ningún buen resultado a la situación con la que estamos luchando. Dios sabía que esto sería algo que nos atormentaría. Conocía los problemas que el miedo y la preocupación traerían consigo. Y, por eso, el Señor nos prometió el poder de su presencia. Así que, la próxima vez que luches contra la ansiedad en la noche, pídele que te consuele. Pídele que calme tus temores. Y, amiga, elige entregárselo a Dios y luego vete a dormir.

136

DECISIONES QUE ELIMINAN EL ESTRÉS

Apártate del mal y haz el bien. Busca la paz y esfuérzate por mantenerla.

1 Pedro 3.11 ntv

Cuando no hacemos lo que sabemos que está bien, es estresante. Tal vez no al principio, pero cuando nuestra brújula moral se arregla y comprendemos las consecuencias de nuestras elecciones, la ansiedad acaba por aparecer. Elegir dar cobijo a conductas pecaminosas nos prepara para la angustia. Eso abre la puerta al miedo y a la tristeza. El versículo de hoy nos llama a algo más alto. Es un desafío a vivir con intencionalidad. Y cuando tomamos la decisión de alejarnos de la vida que desagrada a Dios, también nos alejamos del estrés que conlleva. La Palabra de Dios deja claro que él bendice nuestra obediencia. Él honra nuestra justicia. Adoptar una posición moral y asegurarnos de que nuestra vida está llena de pasión y propósito son decisiones que nos quitan el estrés y nos aportan grandes beneficios.

137

TÚ ELIGES

Nadie puede servir a dos amos. Pues odiará a uno y amará al otro; será leal a uno y despreciará al otro. No se puede servir a Dios y estar esclavizado al dinero.

MATEO 6.24 NTV

Es fácil dejarse arrastrar en dos direcciones diferentes. La lucha es real, ¿no es cierto? Puede que tengas la buena intención de enfocar tu tiempo, talento y tesoro en cosas piadosas, como seguir los mandamientos de Dios; ser generosa, amar y perdonar; y pasar tiempo en la Palabra. Pero la atracción del mundo suele ser muy fuerte. La ansiedad surge cuando una vacila en el límite entre ambas cosas. Sabes que las decisiones que tomas pueden no ser las correctas, pero hay pruebas contundentes. El Señor no se anda con rodeos cuando dice que tienes que elegir entre una cosa o la otra. Tú eliges. Y la verdad es que seguir a Dios no siempre está libre de estrés, pero traerá bendiciones. Es más, Dios te dará todo lo que necesitas para hacerlo posible.

138

INTACHABLE

Aprobados por Dios Así que Dios nos aprobó gracias a la fe, y ahora, por medio de nuestro Señor Jesucristo, hay paz entre Dios y nosotros.

Romanos 5.1 PDT

Cuando empieces a sentir ansiedad por tu relación con Dios, preguntándote si esta vez lo has alejado demasiado, respira hondo. No puedes hacer que el Señor se aleje de ti. Sean cuales sean las malas decisiones que hayas tomado, tu fe te ha hecho justa ante Dios. Él no espera que seas impecable por ti misma. En cambio, el Señor comprende perfectamente tu necesidad de un salvador. Él sabía que el pecado entraría en el mundo y te separaría de él. Por eso, Dios envió a su Hijo, Jesús, para tender un puente. Su muerte es lo que hace posible la paz. Por eso no tienes que estresarte por ser lo suficientemente buena para Dios. Por eso ahora eres intachable a sus ojos.

139

LA PALABRA ALIVIA EL ESTRÉS

Los que aman tu enseñanza gozan de mucha paz, y nada los hace caer.

SALMOS 119.165 DHH

Una de las mejores maneras de reducir tu nivel de estrés es profundizar en la Palabra de Dios. En sus páginas hallarás un profundo aliento para mantenerte firme. Encontrarás testimonios de personas corrientes que lucharon contra los mismos tipos de ansiedad que tú. Aprenderás cómo se convirtieron en vencedoras, y serás desafiada a poner toda tu fe en el Señor. La Palabra te llamará a un lugar más alto y te pedirá que cedas el control. Te dirá cómo encontrar paz y consuelo duraderos. La Biblia te mostrará los secretos para vivir y amar como es debido. Así que, la próxima vez que te entre el pánico y estés luchando contra el temor y la preocupación, toma la Palabra de Dios y satúrate de sus verdades. Dios te encontrará allí.

140

NO ES UN DIOS DE CONFUSIÓN

Porque Dios es Dios de paz y no de confusión. Siguiendo la práctica general de las comunidades cristianas.

1 Corintios 14.33 dhh

Dios no es un Dios de confusión. Él no trae el caos y el desorden a las circunstancias con las que estás luchando. Él no es la razón por la que tus emociones se alteran. La causa de tu estrés y tu lucha no tiene nada que ver con el Señor. Qué regalo que las Escrituras te señalen eso, porque así se asienta en tu corazón y en tu mente que Dios es un lugar seguro. Cuando estés cansada por la batalla de la salud, preocupada por la lucha con tu cónyuge, o inquieta por el próximo examen médico, debes saber que Dios siempre te ayudará y te librará de obstáculos. Y si se lo pides, él traerá a tu situación una paz poderosa que nada ni nadie más puede traer.

141

VIVIR EN PAZ

Y los que procuran la paz sembrarán semillas de paz y recogerán una cosecha de justicia.
SANTIAGO 3.18 NTV

¿Te imaginas lo que sería vivir en paz? Sin más estrés en tus relaciones. Sin más preocupación por las decisiones de tus hijos. Sin más temor a cómo puede ser tu futuro. Sin más inquietudes obsesivas por las facturas. Cuando elijas vivir en la paz, tu corazón hallará descanso. Tus emociones no estarán en una montaña rusa. El drama no será la respuesta inmediata. Y no te anclarás en una espiral de victimismo. Pero se necesita una elección deliberada cada día para abrazar el tipo de paz que el Señor ofrece. Cuando le pidas ayuda para vivir en paz, eso te traerá bendición.

142

CAMINAR COMO LOS SABIOS

Así que tengan cuidado de cómo viven.
No vivan como necios sino como sabios.

Efesios 5.15 NTV

Cuando caminas como los sabios, eso trae calma a tus circunstancias. Tu corazón está en reposo y tu mente no está acelerada anticipando horribles desenlaces. Está así porque has dedicado al Señor tiempo y esfuerzo para que te ayude a tomar decisiones que reflejan tu fe. Que glorifican a Dios. Esa decisión de elegir con sabiduría y ser consciente de cómo vives se traduce en una inexplicable sensación de paz. Y es su paz la que tiene el poder de calmar la ansiedad y el estrés como ninguna otra cosa. El mundo no tiene respuestas para ti, amiga. Solo ofrece atajos y opciones a corto plazo que no llevan a ninguna parte. No busques ayuda en el mundo. En cambio, deja que la sabiduría de Dios fluya a través de ti y te permita vivir sin estrés.

143

DISPUESTA A ESCUCHAR Y APRENDER

Escucha el consejo y acepta la disciplina, y así serás sabio.

PROVERBIOS 19.20 PDT

Dios habla a menudo a través de los que nos aman. Él usa esas relaciones que más importan para darnos ánimo en el camino. Deberíamos meditar siempre sus palabras y pedir la confirmación de Dios antes de actuar, porque nuestras personas cercanas tienen una manera asombrosa de bendecirnos con sabios consejos. Así que, cuando te preocupe una decisión importante, habla con las personas de tu confianza. Cuando te sientas estresada por cuál debe ser tu siguiente paso, háblalo con tus mentores. Cuando veas banderas rojas en una relación que te asusta, revélalas con una persona que sea honesta contigo. Y estate siempre dispuesta a escuchar y aprender, porque eso te capacita para ser más lista y más sabia. Es más, esa sabiduría te ayudará a frenar los altibajos de la ansiedad para que puedas vivir en paz.

144

UN CORAZÓN QUE APRENDE

El insensato cree que se las sabe todas,
pero el inteligente oye consejos.

Proverbios 12.15 PDT

¿Cuánta ansiedad podría evitarse si estuviéramos más abiertas a aprender? Con demasiada frecuencia, nos empeñamos en hacer las cosas a nuestra manera y acabamos estresadas. Pensar que nuestra manera es la mejor es orgullo y resulta peligroso. Aunque somos mujeres inteligentes con una sólida experiencia en la vida, no tenemos todas las respuestas a las preguntas. Así que piénsalo, amiga. ¿Qué te impide aceptar los consejos de quienes pueden ofrecerte una sabiduría adquirida con gran esfuerzo? ¿Por qué no buscas consejo en personas de confianza? En determinadas situaciones, el estrés puede evitarse pidiendo humildemente orientación. Y tener un corazón abierto a aprender te ayudará a evitar preocupaciones y temores indeseados. Pedir ayuda siempre es una buena idea.

145

CUANDO TE SIENTES ACOSADA

Ten compasión de mí, Dios mío, pues hay gente que me persigue; a todas horas me atacan y me oprimen. A todas horas me persiguen mis enemigos; son muchos los que me atacan con altanería.

SALMOS 56.1-2 DHH

Cuando te sientes intimidada por alguien, se crean profundas trincheras de estrés en tu corazón. Eso te hace cuestionar tu bondad. Te preguntas si todas las cosas horribles que dicen de ti son ciertas. Tienes problemas con la autoestima y el sentido de seguridad personal. Y estos sentimientos te llevan directamente a la ansiedad. Si estás luchando con esto ahora mismo, por favor, díselo a alguien. No hay lugar para esto en tu vida. Cuando estás sepultada bajo capas de ansiedad, te vuelves ineficaz en todas las áreas de tu vida. Este tipo de estrés afecta a todas las relaciones. Nubla todas las decisiones. Y eso afecta a tu salud mental. Pídele a Dios que te muestre el siguiente paso... y da ese paso.

146

CÓMO NO TENER MIEDO

Cuando tengo miedo, confío en ti. Confío en Dios y alabo su palabra; confío en Dios y no tengo miedo. ¿Qué me puede hacer el hombre?

SALMOS 56.3-4 DHH

El miedo nunca lucha limpio y a menudo aparece de improviso. Sacude tu confianza y te hace dudar de las personas y de los planes. Tener miedo es una sensación horrible. En esos momentos, ¿qué haces? ¿A quién te diriges? ¿Dónde buscas ayuda? En el versículo de hoy, el salmista muestra confianza al dirigirse directamente a Dios con confianza y alabanza. Él sabe que el Señor será fiel para traer una sensación de paz que anule cualquier temor. Y una vez que llega el consuelo, también llega el ánimo. Este expresa sus elogios conforme se realinea su perspectiva. ¿Puedes ver la firme confianza? Que Dios sea tu primera parada cuando empieces a sentir miedo. ¡Que él te haga audaz y valiente!

147

ENERGIZADOS POR DIOS

Te vi en tu templo, contemplé tu poder y tu gloria.

Salmos 63.2 PDT

Dios nos da fuerza y poder para hacer frente a los pensamientos de ansiedad. Él nos dará energía para mantenernos firmes cuando nuestro matrimonio se tambalee. Nos dará valor para defender lo que creemos cuando nos enfrentemos a una elección. Dios nos dará confianza para disipar las mentiras que susurran a nuestro oído y secan nuestro gozo, y las reemplazará con su poderosa verdad. Y cuando se lo pidas, el Señor te liberará del estrés y la ansiedad. Como mujeres que vivimos en un mundo de locos, siempre habrá preocupaciones. Pero tú eliges qué hacer con ellas. Tú eliges cómo te afectan. Tú decides si son tus compañeras permanentes. Pídele al Señor que te llene de esperanza y fe, ¡y vive libre!

148

HASTA EL CIELO

Pero si mi pueblo, que lleva mi nombre, se humilla y ora, busca mi rostro y se aparta de su conducta perversa, yo oiré desde el cielo, perdonaré sus pecados y restauraré su tierra.

2 Crónicas 7.14 NTV

El Señor te escucha cada vez que clamas con preocupación. Cuando tus pensamientos de ansiedad te abruman, Dios ve las lágrimas. Cuando le suplicas que te alivie del estrés, él siempre lo oye. ¡Qué regalo saber que el oído de Dios está siempre atento a tu voz! Siempre está esperando noticias suyas. Y aún más, no hay nada que pueda desviar su atención de tus necesidades. Desde el cielo, Dios vela por ti con gran interés y disposición. ¡Oh, cuánto te ama! Por eso debes estar dispuesta a abrirte ante el Señor. Sé sincero sobre los temas que te preocupan. Y ora humildemente para que Dios te mueva a pedirle ayuda cuando la vida te parezca demasiado abrumadora.

149

FE EN PEDAZOS ASEQUIBLES

El Señor está conmigo; no tengo miedo. ¿Qué me puede hacer el hombre? El Señor está conmigo; él me ayuda. ¡He de ver derrotados a los que me odian!

SALMOS 118.6-7 DHH

Si Dios está a tu favor, ¿quién puede estar en tu contra? Esas son palabras poderosas y de gran peso porque afirman que estás en una relación de salvación con el Señor; por lo tanto, no debes estresarte por nada. Te están diciendo que no debes tener ningún miedo por las situaciones complicadas que tienes ante ti. Las preocupantes amenazas que otros te hacen no son nada. Y como Dios promete ayudarte siempre que lo necesites, la paz debe reinar en tu corazón a la vez que confías en que él se encargará de todo. Para ser sincera, no es fácil salir de esto. A todas nos han roto el corazón, así que a veces hace falta una gran fe para esto. ¿Por qué no dar un paso detrás de otro, confiando en el Señor en pedazos asequibles?

150

NINGÚN ARMA FORJADA CONTRA TI GANA

Pero en aquel día venidero, ningún arma que te ataque triunfará. Silenciarás cuanta voz se levante para acusarte. Estos beneficios los disfrutan los siervos del Señor; yo seré quien los reivindique. ¡Yo, el Señor, he hablado!

Isaías 54.17 NTV

¿Sientes que las paredes se derrumban? Puede que tus análisis de sangre hayan revelado algún problema o que el tratamiento no esté funcionando. Puede que tu empresa esté reduciendo personal y te hayan despedido. Tal vez no puedas procesar el duelo y te sientas atrapada en él. Tal vez te sientas sola tras el divorcio y te preocupe que esta sea tu nueva normalidad. Puede que estén atacando tu reputación. ¡Ánimo! Puede que sientas el estrés en lo más profundo de tus huesos, pero el Señor promete que ningún arma forjada contra ti prosperará. Él promete que ninguna voz destinada a condenarte tendrá éxito. Y tu Padre promete defenderte hasta el final. Respira tranquila, amiga. Dios te tiene a cubierto.

151

VOLVER AL SEÑOR

¡Vuélvanse ustedes al Señor su Dios, y desgárrense el corazón en vez de desgarrarse la ropa! Porque el Señor es tierno y compasivo, paciente y todo amor, dispuesto siempre a levantar el castigo.

JOEL 2.13 DHH

En tu estrés y tus luchas, ¿te has alejado de Dios? ¿Lo criticas por todas las cosas que salieron mal? ¿En tu mente es él la razón por la que estás atrapada en tus circunstancias? Amiga, la ansiedad está llena de confusión. No es concebible empezar a culpar a Dios de que estés donde estás ahora mismo. La verdad es que él no haría nada para lastimarte, y la Biblia lo respalda en todas sus páginas. Más aún, tu poder para superar la ansiedad descansa en él. Así que, con fe, ¿por qué no decides creer al Señor? Habla con él ahora mismo. Pídele ayuda, porque Dios es misericordioso y compasivo, muy paciente, lleno de amor por ti y dispuesto a ayudarte.

152

LOS OJOS PUESTOS EN JESÚS

Los seguidores miraron para todos lados,
pero ya no vieron a nadie, sólo a Jesús.
MATEO 17.8 PDT

Piensa en una época en la que la ansiedad era tan abrumadora que solo podías cerrar los ojos con fuerza. Tal vez estabas al límite. Tal vez estabas luchando contra las lágrimas. Quizá estabas dispuesta a rendirte. En cualquier caso, vuelve a ese lugar. Ahora imagina que por fin abres los ojos y solo ves a Jesús. El miedo se fue. El estrés ya no está. La preocupación se desvanece. Y solo ves al Salvador. Amiga, esto es posible para ti cada día. Siempre que la ansiedad te pese demasiado, pon el foco en Jesús. Dile que confías en él. Dile al Señor que tienes fe en él. Y cada vez que tus pensamientos de ansiedad intenten llamar tu atención, cierra los ojos y ábrelos en Jesús.

153

YA NO TE RODEAN

No tengo miedo a los diez mil enemigos
que me rodean por todas partes.
Salmos 3.6 NTV

Todos hemos sentido el estrés de ser atacada por todos lados. Hay veces que lo sentimos en todos los frentes, ¿no es así? Como cuando vamos muy ajustadas en economía o pasamos por una mala racha en el matrimonio. O cuando nuestros hijos tienen dificultades en la escuela y nosotras estamos agotadas por las horas extra en el trabajo. O tal vez cuando nuestros padres ancianos son demasiado exigentes mientras nosotras aún lloramos la pérdida. A menudo, estas temporadas pueden parecernos como miles de enemigos que rodean cada día nuestra sensación de paz. Decidamos ahora mismo que cuando este tipo de estrés vuelva a invadir nuestra vida, invocaremos el nombre de Jesús. Él está con nosotras y por nosotras. Y cuando le invitemos a entrar en nuestro desastre, él quitará el temor, ¡y volveremos a encontrar la armonía!

154

LLEVAR TU ALMA A LA PLENITUD

Colma mi vida de cosas buenas;
¡mi juventud se renueva como la del águila!

SALMOS 103.5 NTV

Podemos buscar cosas mundanas para satisfacer nuestros anhelos. Podemos probar remedios terrenales para llenar nuestro vacío o aliviar nuestro estrés. Podemos incluso poner toda nuestra esperanza en procesos o personas, suponiendo que la combinación adecuada nos hará sentir mejor. Pero son respuestas efímeras que no devuelven la plenitud a nuestra alma famélica y marchita. Confía en el Señor para satisfacer esas necesidades. Confía en que él te saturará de su amor, que renovará tus fuerzas. Nada puede emular el poder sanador y restaurador de Dios. Con su ayuda, el estrés y la ansiedad perderán su control sobre ti. La paz sustituirá a la preocupación. Así que, ¡que sea él quien traiga la satisfacción!

155

QUE SU AMOR TE ABRUME

El Señor *es compasivo y misericordioso, es paciente y abunda en fiel amor. No acusará para siempre, ni nos guarda rencor todo el tiempo.*

Salmos 103.8-9 PDT

A menudo, en medio del estrés y las luchas, damos la espalda al Señor. Puede que no le culpemos por nuestras circunstancias, pero nos ponemos a arreglarlas solas. Damos vueltas alrededor de nosotras mismas, intentando manipular o controlar la situación. Desarrollamos una visión de túnel y solo vemos la ansiedad que tenemos delante. Confiamos en nosotras mismas por encima de todo. El corazón de Dios debe afligirse al verte sufrir de esta manera, amiga. Nunca se supuso que tuvieras que cargar sola con todo. Su invitación es siempre que pongas tus preocupaciones y temores a sus pies y recibas su bondad y ternura. Abre tu corazón a su extraordinaria compasión y promesa de salvarte. Que su amor te abrume.

156

ÉL LO QUITARÁ

Dios se ha llevado nuestros pecados tan lejos de nosotros como lejos están el oriente y el occidente.

SALMOS 103.12 PDT

La culpa y el estrés van de la mano. ¿Te sientes culpable en este momento? Tal vez gritaste a los niños o traicionaste la confianza de una amiga. Tal vez desestimaste la petición de ayuda de tu marido o te saltaste el presupuesto. Tal vez mentiste en el trabajo o no te presentaste en un voluntariado. Sea cual sea el origen de la culpa, lo más probable es que estés luchando con pensamientos de ansiedad por ella. El Señor quiere quitártela porque sabe que interfiere en tu sensación de paz. Él entiende que te sepulta bajo el estrés repitiéndote la falta una y otra vez. Si confiesas y se lo pides, Dios la eliminará por completo. Puede que haya algunas consecuencias lógicas, pero tu corazón estará en paz y no habrá más ansiedad.

157

ÉL LO SABE TODO

Dios sabe todo de nosotros;
sabe que estamos hechos de polvo.

SALMOS 103.14 PDT

A veces es difícil encontrar las palabras para describir todas las formas en que se agitan nuestras emociones. La ansiedad nubla la claridad. Y cuando nos sentimos abrumadas por una situación, muy a menudo nos quedamos sin palabras. Nos cuesta hablar de ello porque no sabemos cómo explicar a otros la complejidad de nuestras emociones. Así que nos estresamos en silencio, atrapadas. La buena noticia es que Dios ya sabe lo que hay dentro de tu corazón y de tu mente. Es más, él entiende absolutamente cada parte de ello, incluso lo que a ti te resulta confuso. Dios identifica lo que desencadenó la ansiedad. Él sabe cuál es el origen de la preocupación. Y el Señor ya ha ido delante de ti para enderezar el camino torcido por el que andas. Así que habla con Dios sobre ello.

158

PERO DIOS ES MÁS GRANDE

¡Bendiga al Señor la creación entera, en todos los lugares de su reino! ¡Bendeciré al Señor con toda mi alma!

SALMOS 103.22 DHH

Cuando empieces a sentir que tu ansiedad es demasiado grande, recuerda que Dios es más grande. Cuando el estrés de tu matrimonio, el miedo a tu futuro o la preocupación por el curso escolar de tu hijo parezcan más una montaña que un grano de arena, recuerda que Dios está por encima de todo. Su reino lo domina todo. Él tiene dominio sobre todo lo que sucede, así que no permitas que tu corazón se llene demasiado de ansiedad. Nada puede estar por encima del Señor, ¡y eso es una noticia maravillosa! Eso significa que cuando aparezca el estrés, puedes entregárselo a Dios y ver cómo lo aplasta. No dejes que nada en tu vida ocupe el alto y poderoso lugar de Dios, ¡especialmente nada que amenace tu paz y tu alegría!

159

TU DEBILIDAD NO ES UN DÉFICIT

Pero el Señor me dijo: «Mi bondad es todo lo que necesitas, porque cuando eres débil, mi poder se hace más fuerte en ti». Por eso me alegra presumir de mi debilidad, así el poder de Cristo vivirá en mí.

2 Corintios 12.9 PDT

¿Has pensado alguna vez que tus momentos de perder el control son en realidad momentos en los que Dios puede brillar con más intensidad? Él dice que su gracia es suficiente, y en su Palabra aprendemos que nuestra debilidad no es un déficit. Más bien, es con ella cuando el poder de Dios puede abrirse paso. Pídele a Dios que lo haga realidad en tu caso. Recuerda, tu lucha es una oportunidad para hacer brillar a Jesús ante otros, así que pídele al Señor que brille en tus áreas débiles para tu beneficio y para que otros lo vean. Invita a su poder a vivir en ti y a través de ti.

160

NO DEJES QUE EL ESTRÉS TE IMPIDA HACER EL BIEN

Aprovechen bien este momento decisivo, porque los días son malos.

Efesios 5.16 DHH

Si Dios quiere que aproveches todas las oportunidades para hacer el bien en el mundo, lo más seguro es que la ansiedad te lo impida. Es difícil ser amable con los demás cuando nuestro nivel de estrés está por las nubes. No podemos ser eficaces en el ministerio si nos aferramos a la falta de perdón, agitadas contra alguien por herir nuestros sentimientos. Cuando no estamos llenas de amor y compasión, cuando nos preocupa más tener razón que llevarnos bien, nuestras relaciones sufren. Es muy importante que tengamos cuidado con cómo vivimos en comunidad. Es un regalo del Señor. Y cuando permitimos que la inquietud y las pequeñeces sean nuestra guía, eso causará un gran dolor en todo nuestro entorno.

161

TODO VA A SALIR BIEN

Yo, Señor, invoco tu nombre desde lo más profundo del pozo: tú escuchas mi voz, y no dejas de atender a mis ruegos. El día que te llamo, vienes a mí, y me dices: «No tengas miedo».

LAMENTACIONES 3.55-57 DHH

Puede parecer abrumador, pero saldrá bien. Puede que las cosas te parezcan demasiado grandes en este momento, pero sobrevivirás. Puede que quieras meterte en la cama y sacar la bandera blanca, pero eres más fuerte de lo que crees. Puede que la noticia te haya puesto de rodillas, pero no podrá contigo. Puede que se te salga el corazón del pecho, pero el Señor está cerca. Estos son los momentos en los que pedimos ayuda a Dios. Desde el fondo del pozo, miramos hacia arriba en busca de su ayuda. Es entonces cuando caemos de rodillas y suplicamos a Dios que se manifieste visiblemente y nos llene de su paz. Y es entonces cuando él se acerca y nos dice: «Todo va a salir bien».

162

CÓMO SER VALIENTE

Pero Jesús inmediatamente les dijo:
—¡Tranquilos, soy yo! No tengan miedo.
MATEO 14.27 PDT

A veces, ser valiente es mucho pedir porque ni una parte de nuestro cuerpo se siente así. Lo contrario de la valentía es la ansiedad, y cuando esta reina en nuestros corazones y mentes, es imposible encontrar el valor para avanzar de forma significativa. Estamos más frenéticas que confiadas, ¿no es verdad? Pero la presencia de Dios tiene su manera de quitar el estrés para que podamos mantenernos fuertes ante cualquier oposición. Cuando sientas que el miedo te acecha, pídele al Señor que esté cerca de ti. Pídele que calme tu corazón de ansiedad. Pídele que la paz de Jesús caiga sobre ti en ese mismo instante para que puedas recuperar el aliento y ordenar tus pensamientos... y sé valiente.

163

ÉL TE DARÁ LA VICTORIA

El Señor tu Dios está en medio de ti; ¡él es poderoso, y te salvará! El Señor estará contento de ti. Con su amor te dará nueva vida; en su alegría cantará.

SOFONÍAS 3.17 DHH

Cuando confías a Dios las cosas que te crean ansiedad, experimentas la victoria sobre ellas. Habla con él cada vez que surjan esos temores. Díselo en cuanto tu corazón empiece a latir con fuerza y comiences a sudar. Cada vez que el estrés te apriete el pecho, que tu primer interlocutor sea el Señor. Hay poder en el nombre de Jesús, ¡y él es poderoso para salvar! Él promete traer calma porque su amor por ti es muy grande. Dios cantará sobre ti, regocijándose en cuán extraordinaria te hizo. Con él a tu lado, no hay nada demasiado grande como para manejarlo ni demasiado difícil como para superarlo. El Señor es guerrero, y juntos obtendrán la victoria para la ansiedad que amenaza tu paz.

164

SEGURIDAD EN LA FE

No les teme a las malas noticias; porque su corazón está firme, confiado en el Señor.

Salmos 112.7 PDT

Si tu fe no está segura en el Señor, el miedo puede ser siempre un problema. En este mundo es fácil tener miedo, porque está lleno de maldad. Hay innumerables razones para que nos invada la ansiedad. Nos preocupamos por nuestros familiares y amigos porque sabemos lo que hay ahí fuera, y sabemos que no podemos protegerlos en todo momento. Pero no vivas en la desesperanza. Las Escrituras dicen claramente que cuando tu corazón está firme en tu relación con el Señor y tu fe está anclada en él, no sucumbirás al miedo. No vivirás con una sensación de temor. Recuerda, la clave está en confiar en Dios por encima de todo. Esa decisión te permitirá alzar la cabeza y ver la esperanza.

165

ESTÁ BIEN ESPERAR

Tienen confianza y viven sin temor, y pueden enfrentar triunfantes a sus enemigos.

Salmos 112.8 NTV

¿Tu nivel de ansiedad sería más llevadero si esperaras que Dios apareciera en las situaciones estresantes? Cuando el peso de la preocupación te parece excesivo, ¿te ayudaría saber que Dios está obrando en tu favor? Si has respondido afirmativamente a alguna de estas dos preguntas, ¡ánimo! El Señor dice que este tipo de confianza tiene un gran poder porque está empapada de fe. Es elegir confiar en la Palabra de Dios. Es cerrar la puerta al miedo y centrarse en la verdad. Amiga mía, asumir que el Señor combatirá cualquier cosa que te provoque estrés es bueno. Puedes esperar confiadamente que él te traiga la paz. Y puedes saber que él siempre peleará por ti.

166

PON MANOS A LA OBRA

Entonces dijo David a Salomón: «¡Ten valor y firmeza, y pon manos a la obra! ¡No te desanimes ni tengas miedo, porque el Señor mi Dios estará contigo! Él no te dejará ni te abandonará hasta que se acabe toda la obra para el servicio del templo.

1 Crónicas 28.20 DHH

No dejes que la ansiedad te impida hacer lo que tienes delante. Con la ayuda de Dios, puedes avanzar con tus ojos puestos en él y no en lo que te altera. Debes hacerlo, amiga. Hay personas que dependen de ti ahora mismo. Tú aportas talentos y dones que nadie más puede aportar. Y cuando te acobardas ante el estrés, te vuelves ineficaz. Como le dijo David a Salomón, ¡pon manos a la obra! Recuerda, Dios no te está pidiendo que manejes la ansiedad tú sola. No te dejará que lo resuelvas sola. En cambio, él está contigo hasta que se cumpla cada detalle. Y si se lo pides, él alentará tu corazón durante todo el camino. ¡Puedes hacerlo!

167

NO FIJES TUS OJOS EN EL ENEMIGO

Cuando vayan a la guerra, no tengan miedo. Aunque el enemigo sea muy fuerte y numeroso, y tenga muchos caballos y carros de combate, nosotros contamos con nuestro Dios, que nos libró de Egipto.

DEUTERONOMIO 20.1 TLA

El versículo de hoy es un hermoso recordatorio para mantener los ojos puestos en Dios. ¿Por qué te pide esto el Señor? Porque tus enemigos suelen parecer más fuertes y más grandes. Parecen más feroces. Parecen más coordinados, con mejor estrategia y habilidades. Y cuando pones el foco en ellos, entra la ansiedad en tu corazón. Automáticamente te sientes derrotada porque parece que te superan en número o en inteligencia. Y aunque puedan parecer tan terribles como para infundir temor en tu espíritu, ¡nunca olvides que Dios es más grande! Nadie está por encima de él. No hay nadie más fuerte. Y cuando recuerdas todas las veces que él te salvó, te sanó y proveyó para ti, tu fe se reaviva. Que sea por eso por lo que tu corazón está tranquilo y tu fe es fuerte.

168

UN CÍRCULO DE PROTECCIÓN

El ángel del Señor protege y salva a los que honran al Señor.

SALMOS 34.7 DHH

Qué imagen tan bella y poderosa de cómo Dios protege a los que ama. Que no te pase inadvertida. Cuando clamamos al Señor y le pedimos que nos libere de nuestros temores, estamos protegidas por todas partes. Cuando acudimos a Dios con nuestras inseguridades, él nos rodea con su seguridad. Cada vez que nos abrimos a él sobre los motivos de nuestra ansiedad, nos rodea una defensa divina. ¿Por qué es tan importante? Porque eso elimina cualquier barrera que nos impida derramar plenamente nuestro corazón ante él. No tenemos que preocuparnos de quedar expuestas o mostrarnos vulnerables. En cambio, podemos orar con confianza, sabiendo que podemos poner todo nuestro foco en ese tiempo de oración. Es un espacio sagrado totalmente protegido.

169

NO SERÉ CONMOVIDA

Aunque los perversos me ataquen y traten de destruirme, aunque mis enemigos me ataquen, serán ellos los que tropiecen y caigan. No tendré miedo aunque todo un ejército me rodee. Confiaré en Dios aunque me declaren la guerra.

Salmos 27.2-3 PDT

Cuando te sientes atacada u oprimida por alguien, es estresante. Pocas cosas causan más ansiedad que sentir que todo el mundo está en tu contra. La soledad es una horrible realidad a la que todas nos enfrentamos de vez en cuando. Pero en el versículo de hoy puedes ver que el escritor confía firmemente en que la presencia de Dios lo mantendrá a salvo. Sabe que no está solo. Y es esa verdad la que lo mantiene firme. Por eso no se asusta, aunque sus ojos vean caos y confusión. Sabe que el Señor está siempre con él y por él. Así que, cuando la preocupación empiece a invadir tu corazón, di esto en voz alta: *Sé que Dios está por mí, así que no seré conmovida.* Estás en su mano.

170

PIDE CLARIDAD

SEÑOR, enséñame a vivir como tú quieres.
Guíame por el camino seguro; ayúdame
porque tengo muchos enemigos.

SALMOS 27.11 PDT

Deja que sea Dios quien te ayude a navegar por tus sentimientos de ansiedad. En lugar de esconderte de las causas de estrés, acude directamente a Dios y pregúntale qué hacer. No dependas de las respuestas de tus amigos o familiares. Dios ve la situación en su totalidad. Seguro que quieren lo mejor para ti, pero el Señor sabe el camino que debes seguir. Y cuando tu mente se sienta hecha un desastre por la preocupación y el miedo, pídele que te dé claridad. Deja que Dios te ayude a dar sentido a la situación de estrés que enfrentas en tu matrimonio. Deja que él enderece con su bondad el camino torcido que estás transitando en el trabajo. No te demores en acudir al Señor en busca de sabiduría y discernimiento como madre. Cuando Dios se implica, no hay nada que pueda estar en tu contra.

171

UNA VEZ MÁS

Yo, en cambio, espero disfrutar de la bondad del SEÑOR mientras viva. Mientras aguardan, confíen en el SEÑOR. Sean fuertes y valientes, y esperen que el SEÑOR les ayudará.

SALMOS 27.13-14 PDT

Siempre que te encuentres atrapada en la ansiedad, Dios te rescatará. En esos momentos de temor, aférrate a la verdad de que el Señor es poderoso para salvar una vez más. No hay razón para rendirse. No tires la toalla. No te acobardes ante el miedo y la frustración. ¡Dios está obrando! Puede que no te saque del estrés cuando se lo pidas, pero lo hará a su tiempo perfecto. Y si pones en marcha tu fe, siempre encontrarás valor para resistir cuando las cosas te parezcan insoportables. Él no es un Dios que decepcione. Es un Dios que cumple una y otra y otra vez.

172

HAZLE SABER CÓMO TE SIENTES

¿Hasta cuándo seguirán todos esos criminales festejando y celebrando el mal que hacen? SEÑOR, ellos le hacen daño a tu pueblo; hacen sufrir a tu gente.

SALMOS 94.4-5 PDT

Cuando hablas con Dios sobre lo que otros están haciendo para causar estrés y conflictos, eso no es murmuración. Puedes hablar con Dios con todo lujo de detalles, y contarle libremente tus frustraciones y temores. De hecho, Dios te invita a desnudar tu alma ante él, y no te guarda rencor. Sé sincera al contarle cómo esa persona te causa ansiedad. Sé realista sobre cómo te han hecho sentir sus acciones. Ábrete a la hora de exponer tus pensamientos. Puedes decir lo que piensas y sientes, sin temor a condenas. Que el Señor sea tu lugar seguro para sacar todo lo que hay en tu corazón: lo bueno, lo malo, lo feo. Tu transparencia nunca lo alejará.

173

ÉL NUNCA CAMBIA

Jesucristo es el mismo ayer, hoy y siempre.
HEBREOS 13.8 NTV

¿Te estresan los cambios? Para muchas de nosotras, el cambio tiene el poder de destrozarnos, sobre todo cuando es inesperado. Nos sentimos cómodas en nuestra burbuja de previsibilidad, donde sabemos qué es lo que viene a continuación. Estás segura. Estás a salvo. Y nos permite mantener el control. Cuando la vida da un giro sorprendente, pone en marcha una capa tras otra de ansiedad. Entramos en pánico. En lugar de aceptar el cambio, nos asustamos. Te traigo una buena noticia: Dios es el mismo hoy que ayer y será el mismo mañana. Con él siempre puedes contar con que hay estabilidad. Su carácter nunca cambia. Así que, cuando surja de la nada un reto, aférrate a Aquel que promete traer paz a tu corazón.

174

HAY UN TIEMPO

Hay una temporada para todo, un tiempo para cada actividad bajo el cielo.

ECLESIASTÉS 3.1 NTV

Es importante recordar que cuando se atraviesa un momento difícil en el que todo parece estar en contra, es solo por un tiempo. Pasará. Por otro lado, recuerda que cuando te sientes en la cima del mundo y la vida te trata bien, también es por un tiempo. La vida fluye en una dirección y otra, conforme a su diseño. Todo puede cambiar en un abrir y cerrar de ojos. Ya sea una llamada del doctor, pasar de grado, una traición, una propuesta de matrimonio, un accidente o un ascenso, esperar que la vida no cambie no hará más que generar ansiedad. Dios consideró esto lo suficientemente importante como para incluir en su Palabra esta idea de los tiempos designados. Y cuando tengas problemas con los cambios, acude directamente a Dios con tu temor. Deja que él traiga la paz.

175

ÉL TRANSFORMARÁ TU FORMA DE PENSAR

No vivan según el modelo de este mundo. Mejor dejen que Dios transforme su vida con una nueva manera de pensar. Así podrán entender y aceptar lo que Dios quiere y también lo que es bueno, perfecto y agradable a él.

ROMANOS 12.2 PDT

Pídele al Señor que transforme tu mente para no anhelar los caminos de este mundo. Pídele que transforme tu forma de pensar para que no estés constantemente persiguiendo las ideas y opiniones de los demás. Es estresante anhelar algo que siempre se te escapa. Y es incómodo intentar encajar en una sociedad que sigue anulando a Dios a cada paso, sobre todo cuando tu fe es importante para ti. En lugar de vivir para el tipo de aceptación que el mundo ofrece, deja que el Señor te dé discernimiento y sabiduría para vivir a su manera. No solo aliviará la ansiedad innecesaria, sino que también te capacitará para vivir una vida hermosa y satisfactoria que lo glorifique a él.

176

TEMOR AL PROCESO DE ENVEJECIMIENTO

Por eso, no nos damos por vencidos. Es cierto que nuestro cuerpo se envejece y se debilita, pero dentro de nosotros nuestro espíritu se renueva y fortalece cada día.

2 CORINTIOS 4.16 PDT

¿Te preocupa el proceso de envejecimiento? Es duro ver cómo nuestro cuerpo cambia y sucumbe a la gravedad. Es triste ver cómo se desvanece nuestra juventud. Por eso es un alivio saber que nuestro ser interior se renueva cada día. Puesto que vivimos en un mundo caído, las cosas caerán. Las cosas fallarán. Pero el Señor promete que aún podemos hallar alegría y paz renovadas cada mañana. Aún podemos tener esperanza. Incluso cuando nuestros cuerpos sienten los efectos de envejecer, por dentro podemos sentirnos renovadas y rejuvenecidos porque Dios lo promete. Meditar en esa promesa disipará el temor y evitará que el estrés te robe la paz.

177

UNA PERSPECTIVA CELESTIAL

Nuestros sufrimientos son pasajeros y pequeños en comparación con la gloria eterna y grandiosa a la que ellos nos conducen. A nosotros no nos interesa lo que se puede ver, sino lo que no se puede ver, porque lo que se puede ver, sólo dura poco tiempo. En cambio, lo que no se puede ver, dura para siempre.

2 Corintios 4.17-18 PDT

Cuando decidas dejar que la perspectiva del Señor sea la tuya, descubrirás que la paz reina en tu vida. En lugar de estresarte cuando surjan problemas, comprenderás que a la luz de la eternidad son pasajeros. Podrás reconocer los posibles beneficios de los problemas a los que te enfrentas. Te aferrarás con fuerza al Señor, confiando en que si él permitió esto en tu vida, es por un propósito glorioso. Puede que sea una lucha diaria, pero esta vida no es más que un suspiro, y no te llevarás este estrés contigo al cielo. Amiga, todos los miedos y preocupaciones son molestias temporales. No pueden subsistir en el cielo. Así que pídele a Dios que te muestre su perspectiva, y hazla tuya.

178

APRENDER Y ESCUCHAR

Los sabios e inteligentes adquieren los conocimientos que buscan.

PROVERBIOS 18.15 DHH

Cuando la ansiedad te mantiene despierta por la noche, ¿le pides alguna vez a Dios que te revele la causa? ¿Te preguntas por qué ciertas situaciones te estresan más que otras? ¿Has pensado alguna vez en la raíz de las circunstancias que te hacen sentir temor? Conviértete en estudiosa de ti misma. Deja que el Señor te ofrezca nuevas perspectivas sobre quién eres y por qué reaccionas como lo haces. Lo más probable es que encuentres sanidad en su revelación. Tal vez hay factores desencadenantes que él quiere quitar o una gracia que quiere extenderte. Tal vez hay viejas heridas que despiertan la ansiedad, y el Señor desea liberarte de ellas. La Palabra de Dios dice que los sabios siempre aprenden y escuchan, ¡así que sé sabia!

179

EL PODER DE SU PALABRA

Toda Escritura está inspirada por Dios y es útil para enseñar y reprender, para corregir y educar en una vida de rectitud, para que el hombre de Dios esté capacitado y completamente preparado para hacer toda clase de bien.

2 TIMOTEO 3.16-17 DHH

Si Dios creó su Palabra para mostrarnos la verdad, corregir nuestros errores y prepararnos para vivir como él quiere, entonces lo más probable es que la use para ayudarte a surcar los problemas que te causan ansiedad. ¿Has pasado alguna vez tiempo escudriñando sus páginas en busca de ayuda para los problemas que enfrentas? Tal vez Dios está esperando que te asientes en la Palabra para que él pueda traer revelación. Tal vez está esperando que le des la oportunidad de traer sanidad. Hay una cantidad inmensa de bondad a disposición de quienes la buscan. Encontrarás textos bíblicos para abordar cada temor y preocupación a los que te enfrentas. Así que dedica un tiempo cada día a sentarte con la Biblia, y deja que traiga paz a tu corazón ansioso.

180

SANIDAD INSTANTÁNEA

Aunque los perversos me ataquen y traten de destruirme, aunque mis enemigos me ataquen, serán ellos los que tropiecen y caigan. No tendré miedo aunque todo un ejército me rodee. Confiaré en Dios aunque me declaren la guerra.

JUAN 5.8-9 DHH

Cree que Dios puede sanarte de la ansiedad que te debilita el cuerpo y te quebranta el espíritu. Confía en que el Señor puede —en un instante— sanarte del estrés para que no rija y arruine tu vida. Al igual que el paralítico al que Jesús curó en el acto, tú puedes experimentar lo mismo conforme a la voluntad de Dios. Pero, amiga, decide hoy confiar en Dios aunque tu historia no acabe siendo como la del paralítico. Pide la fe necesaria para rendirte a su voluntad si el Señor decide no quitar la ansiedad. Debes saber que es solo porque será para tu bien, tu testimonio bendecirá a otros y Dios será glorificado. Más aún, recuerda su promesa de ayudarte a sortear cada temor y preocupación para que estos no se apoderen de tu vida.

ÍNDICE DE TEXTOS BÍBLICOS

ANTIGUO TESTAMENTO

Proverbios

Eclesiastés

Isaías

NUEVO TESTAMENTO